中国工程院重大研究课题"一带一路工程科技人才培养与人文交流"支持项目

联合国教科文组织国际工程教育中心·清华大学支持项目

清华大学文化经济研究院支持项目

全球领导力
——中国企业外派管理者的卓越之道

Global Leadership – In Search of Excellence for
Chinese Corporate Expatriate Managers

沈 晔 王孙禹 张 羽 著

社会科学文献出版社
SOCIAL SCIENCES ACADEMIC PRESS (CHINA)

摘　　要

经济的全球化是当今时代发展的重要特征。经过 40 多年的改革开放、"一带一路"建设的推进等，中国已经成为世界经济增长的主引擎之一。作为领军人物的中国企业外派管理者是中国企业海外发展的核心竞争力之一，而人才缺乏以及全球化的复杂情境对人才发展的挑战正掣肘中国企业的海外发展，因此相关研究工作亟待开展。

通过对能力、胜任力、跨文化能力、跨文化适应、全球心智、文化智力、跨文化交际、跨文化管理能力、跨文化领导以及外派理论等既有研究的分析发现：现有跨文化相关研究无法体现出外派管理者的综合能力特征，且未充分考虑当前全球情境背景，而已有全球领导力研究缺乏中国企业的外派管理者样本，未考虑中国情境对中国企业外派管理者的影响，造成了既有研究不适用于中国企业外派管理者的问题。

本书以全球领导力为核心概念，以中国企业外派管理者为研究对象，充分考虑全球情境和中国情境对其的影响，以质性研究的扎根理论为主要研究方法，通过深度访谈和参与观察收集资料和数据，使用三级编码的方法进行数据分析，构建中国企业外派管理者全球领导力要素理论及要素模型。

研究得出中国企业外派管理者全球领导力的 11 个要素：情怀驱动、自我认识、目标导向、外交思维、责任意识、求知欲、差异识别与差异管理、关系性管理、常态化危机管理、压力管理、沟通管理。研究得出中国企业外派管理者全球领导力能力要素模型：以"自我认识"、"情

怀驱动"和"责任意识"三要素组成"心智模式"层面，并定义为
"家国天下，命运共同"心智模式，"策略思维"层面由"目标导向"
"求知欲""外交思维"三个要素组成，并形成由"差异识别与差异管
理""关系性管理""常态化危机管理""沟通管理""压力管理"五个
要素组成的"管理技能"层面。初步探索了"由心智模式激发策略思
维，依策略思维落实管理技能"，通过"反思学习"不断完善，最终形
成外派管理者全球领导力的过程。

本书与既有理论进行了对话分析，提出了 8 个已有模型中未出现的
能力要素以及"家国天下，命运共同"心智模式，阐释了研究结论，
并对研究的创新性、教育实践意义和局限性进行了说明。

关键词：全球领导力　中国企业外派管理者　全球情境

目　　录

第一章　中国企业外派管理者——一个特殊而重要的群体…………… 1

　　第一节　全球化时代背景 ……………………………………… 1

　　第二节　企业是经济全球化的主体 ………………………………… 3

　　第三节　全球化背景下的外派管理者 …………………………… 4

　　第四节　对中国企业外派管理者群体考察的必要性 ………… 6

　　第五节　建构理论的积极意义 …………………………………… 8

第二章　中国企业外派管理者的成长叙事 ……………………… 10

　　第一节　全球情境与跨文化 …………………………………… 10

　　第二节　跨文化能力是否适用于对中国企业外派管理者的考察
　　　　　　 …………………………………………………………… 15

　　第三节　寻找对外派管理者更适用的概念——全球领导力……… 36

　　第四节　确定中国企业外派管理者成长叙事的研究思路………… 47

　　第五节　本章小结 ……………………………………………… 56

第三章　中国企业外派管理者全球领导力研究方法 ……………… 58

　　第一节　研究模式 ……………………………………………… 58

　　第二节　研究方法 ……………………………………………… 60

　　第三节　研究效度与伦理 ……………………………………… 72

第四章 中国企业外派管理者的全球领导力能力要素 ……………… 75

第一节 情怀驱动 ……………………………………………… 78

第二节 自我认识 ……………………………………………… 84

第三节 目标导向 ……………………………………………… 88

第四节 外交思维 ……………………………………………… 90

第五节 责任意识 ……………………………………………… 93

第六节 求知欲 ………………………………………………… 96

第七节 差异识别与差异管理 ………………………………… 98

第八节 关系性管理 …………………………………………… 102

第九节 常态化危机管理 ……………………………………… 107

第十节 压力管理 ……………………………………………… 112

第十一节 沟通管理 …………………………………………… 115

第十二节 全球领导力的 11 个要素 ………………………… 118

第五章 中国企业外派管理者全球领导力模型 ………………… 120

第一节 全球领导力要素分类 ………………………………… 120

第二节 模型构建 ……………………………………………… 122

第三节 机制探索 ……………………………………………… 126

第四节 与既有模型的对话 …………………………………… 128

第六章 中国企业外派管理者全球领导力研究的主要结论和应用探索

………………………………………………………………… 135

第一节 中国企业外派管理者全球领导力研究的主要结论 … 135

第二节 中国企业外派管理者全球领导力研究的应用探索 … 139

第三节 研究局限 ……………………………………………… 143

第四节 未来展望 ……………………………………………… 145

参考文献 ………………………………………………………… 147

附录 A　访谈提纲 ··· **161**

附录 B　知情同意书（访谈）················· **164**

附录 C　初始编码提取示例 ···························· **166**

附录 D　实地考察记录节选 ···························· **171**

后　记 ·· **177**

图目录

图 2-1 外派管理者面临的全球情境的特点和内涵 ……………… 14

图 2-2 胜任力冰山模型 ……………………………………………… 17

图 2-3 整合能力模型示意 …………………………………………… 18

图 2-4 跨文化能力三个层次间的影响关系 ………………………… 21

图 2-5 跨文化能力相关概念间的关系 ……………………………… 22

图 2-6 全球领导力概念分析 ………………………………………… 37

图 2-7 全球领导力的概念框架 ……………………………………… 39

图 2-8 Osland 的全球领导力金字塔模型 ………………………… 41

图 2-9 Mendenhall 等学者提出的全球领导力能力发展过程模型 … 46

图 2-10 GLOBE 项目中社会文化与领导特质和行为作用机制 …… 49

图 2-11 中国企业外派管理者研究逻辑 …………………………… 57

图 3-1 运用扎根理论研究方法进行理论构建流程 ……………… 61

图 4-1 中国企业外派管理者的内外情境 ………………………… 77

图 5-1 中国企业外派管理者全球领导力要素模型 ……………… 125

图 5-2 本模型与跨文化能力金字塔模型差异对比分析 ………… 129

图 5-3 本模型与既有全球领导力要素模型差异对比分析 ……… 130

图 5-4 本模型与既有 GCI 模型要素差异对比分析 …………… 132

表目录

表 2-1　跨文化能力及相关概念的辨析 ……………………………… 23

表 2-2　GLOBE 项目中儒家文化圈的 9 个文化维度得分 ………… 30

表 2-3　GLOBE 项目中 ILT 维度和子维度说明 …………………… 31

表 2-4　GLOBE 项目中 ILT 在不同文化集群中的评价 …………… 32

表 2-5　GLOBE 项目发现的各类文化中被认为对领导力有积极影响的
　　　　个人属性和行为 ……………………………………………… 32

表 2-6　GLOBE 项目发现的与特定文化相关的领导者属性
　　　　和行为 ………………………………………………………… 32

表 2-7　全球领导力定义辨析 ………………………………………… 38

表 2-8　全球领导力能力要素研究举例 ……………………………… 40

表 2-9　Bird 等的全球领导力的能力要素 …………………………… 42

表 2-10　Goldsmith 等的未来全球领导清单：360 度反馈 ………… 43

表 2-11　全球领导力量表（GCI 量表）的 16 个要素 ……………… 44

表 2-12　家长式领导的八种类型 …………………………………… 51

表 3-1　目的性抽样企业及目的性抽样特征 ………………………… 62

表 3-2　预访谈方便抽样信息 ………………………………………… 63

表 3-3　目的性抽样样本特征 ………………………………………… 64

表 3-4　参与观察抽样的样本特征描述和观察内容 ………………… 66

表 3-5　参与观察收集的各类数据情况 ……………………………… 67

表 3-6　访谈提纲 ……………………………………………………… 68

表 3-7　关系性管理的三级编码过程　…………………………………………　70

表 3-8　用于三角互证的不同来源的资料　……………………………………　73

表 3-9　三方验证结果　……………………………………………………………　73

表 4-1　国内管理工作与海外管理工作的差异　……………………………… 100

表 4-2　中国企业外派管理者全球领导力的 11 个要素　……………………… 119

表 5-1　中国企业外派管理者全球领导力 11 个要素的分类说明　… 121

表 5-2　要素层次间的逻辑关系形成的编码提取过程举例　……………… 123

表 5-3　反思过程逻辑关系的编码形成过程举例　……………………………… 124

附表 A-1　关键事例访谈 STAR 提纲（成功的事例）　………………… 162

附表 A-2　关键事例访谈 STAR 提纲（有意外或者遗憾的事例）　… 162

附表 C-1　初始编码提取示例 ……………………………………………………… 166

第一章
中国企业外派管理者——一个特殊
而重要的群体

在一个裂变的世界里，领导力意味着要超越当下的不和谐，着眼于共同的新未来。钟摆不会自动摆回到各方步调一致的状况。我们必须推动这一进程——证明即使在一个分裂的世界中，相关利益方仍有可能实现合作。

——施瓦布，世界经济论坛主席，2018 年第 48 届世界经济论坛

第一节 全球化时代背景

当今世界正经历百年未有之大变局，全球化乃历史大势所趋。从经济与产业的融合到文明交流互鉴，从气候变化到生物保护，从海洋到网络空间，人类的命运早已紧密相连，全球化是不可逆转的时代潮流。全球化范围之广，包含经济、科技、政治、法治、管理、组织、文化、思想观念、人际交往和国际关系等 10 个方面（丁志刚，1999）。除了经济的全球化，其内容还包含各国、各民族、各地区在政治、文化、科技、军事、安全、生活方式、价值观念等多层次、多领域的相互联系、影响和制约。1996 年联合国召开的"全球化与自由化"会议将全球化定义为世界各国在经济上相互依存的发展过程，而这一过程的推动力包括信

息、通信、交通等方面的发展。毋庸置疑，经济全球化为世界经济增长提供了强劲动力，促进了商品和资本的全球性流动、科技和文明的进步以及各国人民的交往，是社会生产力发展的客观要求和科技进步的必然结果。

近年来，人类遭遇新冠疫情，世界经济低迷，全球形势的不确定性大大增强，经济全球化遭遇"逆风逆流"，开放共识弱化，逆全球化思潮涌动，但正如习近平总书记强调的："综合研判世界发展大势，经济全球化是不可逆转的时代潮流。正是基于这样的判断，我在十九大报告中强调，中国坚持对外开放的基本国策，坚持打开国门搞建设。"（习近平，2018）面对经济全球化带来的问题和挑战，中国将充分利用一切机遇合作，坚定维护多边主义，谋求共同发展，打造人类命运共同体。

中国坚持顺应经济全球化潮流，坚持对外开放的基本国策。从1978年中国确立对外开放政策，到2001年中国加入WTO，特别是自2013年中国发出"一带一路"倡议到2020年6月中国同140个国家和32个国际组织签署206份共建合作文件，集中体现了中国对外开放的鲜明特征。2020年11月15日，中国签署《区域全面经济伙伴关系协定》（RCEP），加入了全球最大的区域一体化大市场。2022年11月，商务部、国家统计局和国家外汇管理局联合发布的《2021年度中国对外直接投资统计公报》显示：2021年，中国对外直接投资流量为1788.2亿美元，连续10年位列全球前三；中国对外直接投资存量达2.79万亿美元，连续5年位列全球前三。另根据联合国贸发会议（UNCTAD）发布的《2021世界投资报告》的各国数据测算，2020年中国对外直接投资首次跃居第一位，规模达到1537亿美元，较2019年增长12.3%。中国对外直接投资占同期全球对外直接投资流量的份额由2012年的6.3%提升至2020年的20.2%，对世界经济的贡献日益明显。截至2021年底，中国2.86万家境内投资者在全球190个国家（地区）设立了4.6万家对外直接投资企业，这些企业遍布全球超过80%的国家（地区）。其中，在共建"一带一路"国家（地区）设立的企业就超过

1.1万家，2013~2020年中国对共建"一带一路"国家累计直接投资已达1398.5亿美元，这是近年来中国企业海外发展的重要区域。2021年，中国对共建"一带一路"国家的直接投资创历史新高，为241.5万亿美元。"一带一路"倡议推动经济全球化朝着更加开放、包容、普惠、平衡、共赢的方向发展，也使中国成为经济全球化的中流砥柱，为破解和平、发展、治理、信任"四大赤字"，推动构建人类命运共同体，贡献中国智慧和中国方案。

第二节　企业是经济全球化的主体

跨国经营的企业是经济全球化的主体。跨国公司起源于西方社会，最早可追溯至17世纪初的特许公司，政府以专制的方式扶持海外商业公司的发展，以东印度公司等为代表，其目的是殖民掠夺和资本剥削。跨国公司是指在两个或两个以上国家建立分支机构，由母公司统筹决策和控制，从事跨国界生产经营活动的经济实体。随着工业化发展，以先进的技术和管理水平为代表的西方现代企业以直接投资的方式进行海外发展，这是这一时期跨国公司的主要形式，如爱迪生联合电气公司，其目的是控制当地优质资源和获取高额利润。经济全球化有三次浪潮，第二次浪潮的最大特征就是以美国为首的国际金融和贸易体制的建立，表现为美国的跨国公司在全球的扩张，目前世界经济正处于20世纪70年代后期开始的第三次浪潮中（丁志刚，1999）。新科技革命推动经济全球化和贸易自由化，在知识经济时代，跨国公司处于以大规模的兼并收购为特征的大发展时期，其目的在于控制全球市场和获取巨额利润（杨国亮，2014）。与此同时，跨国公司也发展到全球公司阶段，相比一般跨国公司，全球化程度大幅提高，经营重心在海外，以全球经营的思维和经营模式为特征。

中国企业的海外发展要落后于西方，经引进外资、设立海外分支机构等初始阶段，正加速向全球化的方向发展，但在管理和技术上相比较而言还处于劣势，主要以低成本的优势进入海外市场。一项调研发现，超过一半的中国企业正处于"走出去"的调研和论证阶段，23%处于已设立境外分支机构阶段，18%处于海外业务稳定运行阶段。41%的企业走出去的目的是获取境外市场机会、参与承建所在国的基建类项目以及引进境外先进技术。[①] 2021 年，中国企业对共建"一带一路"国家非金融类投资 203 亿美元；截至 2021 年末，中国已与 145 个国家和 32 个国际组织签署了 200 余份共建"一带一路"合作文件，政策沟通与务实合作走深走实，[②] 中国企业的海外发展朝着本着共商共建共享原则的全球治理观的特色道路前进。

第三节　全球化背景下的外派管理者

外派是跨国经营中的一项人事战略，公司有计划地将员工派到其他国家和地区进行工作。西方国家跨国经营活动较早，在对外派人员的研究中发现，外派的失败率较高，给公司造成了巨大的经济和声誉损失，因此试图通过减少外派人员，而改用雇用当地员工的方式来进行跨国公司的人力资源调配，表现为：西方跨国公司在海外机构的高级管理职位通常使用外派人员，而在中、低级职位则更多使用属地国的人员（邱立成、成泽宇，1999）。在一项针对中国企业海外发展的调研中，66%的受访企业认为自身缺乏具备全球化能力和经验的人才，人力资源相关因素是企业全球化发展面临的重要挑战。在国际化环境下，人力资源不仅是支持角色，而且是企业全球化的坚实基础。[③]

由此可见，外派管理者是外派人员中的领军人物，也是外派研究中重要的关注对象，研究发现：中国企业的海外高管绝大多数没有足够的

---

① 《"一带一路"倡议下中国企业全球人才配置及发展调研报告》，搜狐，2019 年 8 月 9 日，https：//www.sohu.com/a/332633491_825950。

② 《一带一路大数据指数》，中国一带一路网，https：//www.yidaiyilu.gov.cn/jcsjpc.htm。

③ 《中国企业"走出去"整体稳中向好，人才及管理缺失成主要制约因素》，CNR，2019 年 3 月 29 日，http：//cnr.cn/scjj/20190329/t20190329_524560683.shtml。

全球工作经验，而外国企业在亚太的高管普遍有 5 年以上的全球工作经验。① 《2021 全球领导力展望》报告对全球 15787 名领导者和 2102 名 HR 专业人士的调研数据表明：由于商业环境的复杂多变加速，企业领导力与领导人才始终是全球 CEO 最为关注的议题，被访对象均认为拥有顶尖人才和高效领导者对推动其战略发展以及为公司达到未来的成功目标而言至关重要，然而现实是企业领导人才缺口明显。② 外派管理者是全球企业在国际市场获取核心竞争力的关键，对全球战略实施、子公司发展有重要影响。

中国企业的全球化发展核心是人才，海外业务流动的不仅是商业、贸易、金融，关键还是人才的流动。根据 2019~2021 年的《中国对外劳务合作发展报告》数据：2019 年，中国共派出各类劳务人员 48.75 万人，年末在外各类劳务人员 99.21 万人。截至 2021 年底，我国在外各类劳务人员 59.23 万人，已累计派出各类劳务人员 1062.6 万人次，且我国在外劳务人员主要分布在建筑业、制造业和交通运输业等三大传统行业，其人数占我国在外劳务人员总量的 70.9%。2021 年，我国派往共建"一带一路"国家和地区各类劳务人员 13.1 万人，占当年外派劳务人员总量的 40.7%，其中工程项下占七成，劳务合作项占三成。根据《2020 年度中国对外直接投资统计公报》中数据：2020 年境外中资企业向投资所在国家和地区缴纳各种税金总额为 445 亿美元，雇用外方员工 218.8 万人，占境外企业员工总数的 60.6%，境外中资企业实现销售收入 2.4 万亿美元，对外投资带动中国货物出口 1737 亿美元。③ 由以上数据可见，外方员工已经超过海外中资企业员工总数的一半，说明海外中资企业已经向着全球企业的方向发展。

---

① 《"一带一路"倡议下中国企业全球人才配置及发展调研报告》，搜狐，2019 年 8 月 9 日，https://www.sohu.com/a/332633491_825950。

② 《2021 全球领导力展望》，DDI，https://www.ddichina.cn/report/global - leadership - forecast-2021。

③ 《商务部、国家统计局和国家外汇管理局联合发布〈2020 年度中国对外直接投资统计公报〉》，中华人民共和国商务部，2021 年 9 月 29 日，http://fukuoka.mofcom.gov.cn/article/jmxw/202109/20210903203551.shtml。

技术的革命、全球市场的整合、全球生产体系的发展以及国际金融市场的不断扩张，加速了全球化的前进步伐，而经济的全球化推动了文化、政治、社会生活的变化。中国是整个全球化进程中的"后来者"，其外派企业管理者所面临的全球情境是复杂多元的，包含科技、政治、文化等多种情境。中国企业派出海外的员工，大多为外派管理者。他们不仅是企业海外发展的领路人，也是中国文化在国际产生影响力的"大使"，还是中国技术、中国理念等软实力的代表。

世界经济论坛创始人兼执行主席施瓦布教授在 2018 年 1 月举办的第 48 届年会上呼吁："在一个裂变的世界里，领导力意味着要超越当下的不和谐，着眼于共同的新未来。钟摆不会自动摆回到各方步调一致的状况。我们必须推动这一进程——证明即使在一个分裂世界中，相关利益方仍有可能实现合作。" 2018 年以来愈演愈烈的中美贸易摩擦，2020 年初暴发的全球范围的新冠疫情以及世界经济格局随之而来的动荡和改变，无不提醒我们加快培养在中国本土成长起来的能够胜任全球业务发展的中国企业的外派企业管理者的重要性。

第四节　对中国企业外派管理者群体考察的必要性

外派管理者是企业海外发展的关键人才。对这个群体的研究，对中国企业的海外创业、守业有重要的意义。大型企业的业务活跃在共建"一带一路"国家，且外派人员在人力资源管理方面积累了一定的经验，公司在人才选拔、发展和培训上往往会进行体系化的设计和考量，企业为寻求更大发展，非常关注留住顶尖人才和培养下一代领导者等问题。以华为公司为例，华为业务遍及全球 170 多个国家和地区，超过16000 名中方员工被派驻全球各个相关国家，华为对外派人员有包含选拔、岗前培训、人力成本核算、外派回国安排等内容的一整套管理流程。

首先，外派管理者的经验具有典型性，对其他外派人员的成长和发展有借鉴意义。大型企业积累了相关的资料，并提供可能的调研机会，为研究的开展提供了条件。外派管理者多为国内母公司指派，每个海外公司中外派管理者的数量不多，因为层级较高，研究时样本群体特征明显且具有可观测性，还可以根据公司的公开资料获得相关的背景信息，有基本的研究条件。其次，外派管理者的领导力效能可进行多方面的界定，比如可以通过是否达到派出组织的期望、外派的年限长短、岗位是否不断提升、是否担负更加重要的外派任务、是否开拓新的海外市场等这些可见的组织行为来反映外派管理者的成功与否，而胜任力等能力衡量指标需要个人业绩水平等量化的详细资料，获取难度较大，因此本书最终确定对外派管理者群体进行研究。

接下来的问题是重新建构理论还是以西方研究中既有的概念和理论进行实证研究？

其一，在西方跨文化相关概念和理论的发展中，样本多为欧美国家，即使有亚洲国家样本，也以印度和日本为多，中国在理论构建中作为样本研究的分量较少（House 等，2004）。

其二，西方相关研究已经发现，管理者所呈现的特质、能力要素在不同文化背景下差异明显（House 等，2004）。而中国企业的外派管理者，其能力要素应该有着不同于西方样本中以西方企业外派管理者为主要样本的特点，这种特点有没有以及是什么都值得专门研究论证。

其三，研究中国现象，是直接采用西方理论和量表解释中国的领导现象（张晓军等，2017），还是根据不同文化中个体的特质、自我观、行为动机等方面的明显差异，开展对领导适用情境的认识，探索不同社会文化特征对领导的影响以及对领导和结果变量的调节作用（杨朦晰等，2019）；是验证"管理的中国理论"，还是构建"中国的管理理论"；是主流理论的中国化还是探索原创的中国自身的管理理论（陈晓萍等，2012）？

对这些问题的反复思考促使笔者立志从实践中发现问题并确定本书的研究问题为：（1）中国企业外派管理者的全球领导力要素是哪些？

（2）中国企业外派管理者的全球领导力的能力要素模型是怎样的？研究的内容为：以中国企业外派管理者为样本进行的能力要素研究，以中国情境为背景，寻找理解核心概念的释义系统，以描述和解释全球领导力的根本要素为研究架构，探索构建理论，力求克服西方理论以自身的特定历史、社会和文化背景为研究基础的片面性，为探索中国企业外派管理者的发展提供相应理论支撑。

第五节　建构理论的积极意义

西方领导理论研究已形成百花齐放的格局（Fry 和 Kriger，2009），并已形成丛林般的积累。研究内容无外乎领导者与被领导者在特定环境中的互动关系，主要涉及领导者、被领导者与情境三个方面，环境要素使得不同文化中对领导的理解存在差异。其中有三个基本内容：一是影响力从何而来，即对个人特质等要素的研究；二是领导者与被领导者之间有哪些相互影响；三是如何施加控制和影响，即领导风格问题。其中领导者自身文化维度对领导力有着显著且深刻的影响，带着文化维度的印记和特征的领导者，当面对全球情境时，其领导风格和领导要素有哪些重要变化，这就是理论建构的基础。同时我们发现，将西方理论直接运用于中国企业外派管理者的研究"水土不服"，中国经济发展形势呼唤更多的本土理论研究、呼唤中国式管理理论构建。习近平总书记在2016 年哲学社会科学工作座谈会上明确指出，以我国实际为研究起点，提出具有主体性、原创性的理论观点，构建具有自身特质的学科体系、学术体系、话语体系（《十八大以来重要文献选编》（下），2018）。在研究方法上，顶级管理研究期刊近年来不断倡导研究者通过扎根理论和批判现实主义等研究范式以及质性资料等多种资料形式展开研究，而非只重量化实证主义研究（Kempster 和 Parry，2011）。

作为世界大国，中国在全球化舞台上具有举足轻重的地位。经过多年的实践，"一带一路"建设从理念、愿景转化为现实行动，取得了重大进展。要想在"一带一路"建设中成为世界级企业，企业自身必须有与之相适应的具有国际思维、全球领导力的科技人才和企业家队伍。从《2017中国海外企业可持续发展报告》的调研结果可以看出，中国海外企业面临严重的人才供给挑战。国际化复合型经营人才缺失是目前中国企业"走出去"后在海外中长期生存率和盈利率偏低的最重要因素之一。"一带一路"基础设施建设项目的特点是投资周期较长，需要一批"既要懂商务，又要懂管理，还要懂业务"的综合型复合型人才，尤其是作为领军人物的外派管理者，这样才能在面对错综复杂的不确定性时做出正确的决策并带领组织达到既定目标。

经济发展、社会进步的核心是人才，无论是"全球化"的国际形势还是中国自身"走出去"寻求发展的需要，都告诉我们要足够重视全球领导力及其相关领域的研究，尤其是中国情境下全球领导力的要素研究，为响应"一带一路"倡议"走出去"的中国企业的外派管理者的培养选拔等工作提供科学指导和政策建议。

第二章
中国企业外派管理者的成长叙事

我们比以往任何时候都更需要智慧，但这种智慧并不那么容易找到。

——基辛格：《领导力：世界战略六案研究》

第一节　全球情境与跨文化

随着人类社会的发展，国家和地区有了明确的界分，继而产生了国家之间、地区之间的交流，跨文化研究由此而生。最早的跨文化研究可追溯到 19 世纪。语言是文化的载体，跨文化主要由语言学习领域而起，在外语学习过程中，对文化的理解能提高语言学习效果，进而提高跨国沟通的效率。随着社会经济发展，跨文化的概念融入经济、社会等领域。与跨文化相比，"全球化"是更宏大的概念，学术界一方面在关注和研究全球化趋势给人类社会、文化、文明带来的影响和新的现象，另一方面在总结和思考全球化相关理论，不免众说纷纭。总体而言，全球化反映了世界在经济和技术力量的推动下成为一个共同分享的社会空间，一个地区的发展能够对另一个地区的个体或者社会生活产生深远影响。

世界经济和社会形势复杂和多变，有关全球化概念的争论也愈演愈烈，极端全球主义者认为全球化标志着人类历史进入新时代，传统的民族国家将被取代，经济全球化塑造了新的世界秩序。怀疑论者则认为全球治理和经济全球化不过是以西方社会为中心的大国在世界事务中主导地位的持续强大。变革论者将全球化视为一个前所未有的变革过程，其推动了社会政治和经济的快速变革，以面对更高的不确定性，在这个过程中国内事务与国际事务不再有清晰的划分。三种理论派别争论不休，或如意大利学者康帕涅拉所说："全球化是在特定条件下的思考方式，而非一种具体的现象。"（康帕涅拉，1992）全球化需要更加全面的解释来阐明经济、技术、文化和政治变革等众多力量之间的复杂互动关系。全球化是包含各国、各民族、各地区在政治、文化、科技军事、安全、意识形态、生活方式、价值观念等多层次、多领域的相互联系、影响和制约的多元化的概念（丁志刚，1999）。杨雪冬从信息通信、经济、全球性问题、体制、制度、文化和文明等角度来界定全球化，认为其是一个多维度过程，在理论上创造着一个单一的世界，是统一和多样并存的过程，是不平衡的、冲突的、观念更新和范式转变的过程（杨雪冬，1999）。

在国际经济活动中，跨国概念被应用于商业组织和人力资源的研究中。企业外派经理等领导者与来自不同国家的人同时或者先后进行工作，总部和各国分支机构的商业环境是线性的，这种跨国管理有着鲜明的方向性特点。而在全球化环境下，Morley和Collings（2004）发现跨国公司管理难度增大，体现为：各国的特殊环境、对员工生活的介入更深（包括外派人员和本地员工）、更多的来自本国和异国的各种压力等。在全球情境中，人们需要同时不断地与多个国家的人互动，处理的事务不是单向的总部和分部之间的，而是多元复杂的，工作情境不再是线性的，而是非线性的。以经济全球化为核心的全球化，表现为全球组织的兴起和快速发展，跨国组织和企业转变为全球组织和企业。

跨文化领域著名的GLOBE项目的研究，详细描述了在不同文化中不同的领导属性。该研究发现，在全球化的商业实践、技术和教育水平下，一些领导属性在趋同化发展。GLOBE 项目的研究者也将注意力由原来比较视角的领导力研究转向全球领导力的研究，如 House、Javidan、Dorfman 和 De Luque 认为全球心智、容忍歧义、灵活性和文化适应是领导者发挥有效的全球领导力的必要素质（House 等，2006）。Dorfman、Javidan、Hanges、Dastmalchian 和 House 近年来专注于对GLOBE 项目的数据进行扩展，以更全面地理解全球领导者的领导力属性（Dorfman 等，2012）。在组织和领导力的战略、思维和行动中，"全球"逐渐取代"跨国"成为当今商业环境的关键词。全球化的商业环境，需要全球领导者，即能够实时反映并多维度地识别出技术、金融、文化、组织、利益相关者和政治边界的领导者（Bird 和 Mendenhall，2016）。

Mendenhall 等（2008）描述领导者面临的全球情境，认为领导者面临的"全球性"包含以下三个维度。

（一）复杂性

情境维度的复杂性有四个条件：一是多样性，包含竞争对手、客户、政府和利益相关者的多样性以及整个价值链的多样性；二是相互依赖性，反映出快速的、全世界范围的变动以及资本、信息和人之间的"牵一发而动全身"的相互联系；三是模糊性，即信息的不完全（被利用者操控）、非线性关系（对结果的难以预测，多原因、多结果的同时存在）和模棱两可（同一事实的多重解释）；四是不稳定性，这既是复杂性的结果，也是催化剂。复杂性还体现在四个条件在全球化的非线性过程中是不断相互作用、持续产生乘数效应的，进而不断产生、维持以及改变着复杂性。复杂性被认为是区分全球领导者和一般领导者的重要指标，管理者在一定复杂性程度之下，才有可能成为全球领导者（Mendenhall 等，2012）。

（二）流动性

关系维度上体现为跨越边界的"流动"的特性，边界指的是职能的边界、地理和外部的边界，跨越是能够将思想、信息、决策、人才和资源转移到需要的地方。除了物理上的边界，还有精神上的边界，比如文化、语言、宗教、教育、政治和法律制度这些精神方面的界限。流动性的主要内容是信息，可以从丰富度和数量两个维度来衡量，从这些点上可以衡量全球化的程度有多深（Mendenhall 等，2012）。

（三）存在性

空间维度上存在变化，即存在性，这些变化必须有物理的移动，包括地域的、文化的和国家的（Mendenhall 等，2012）。

如果将三个维度分别对应 X、Y、Z 三个坐标，可以对不同全球领导者面临的全球情境进行三维的测量，而"立体的"包含"极端复杂性"、更大的流动性和不断变动的存在性。这三点充分体现了全球领导力和一般领导力的情境差异。以外派某国家地区的负责人为例，领导者要管理几个不同类型的子公司、制定不同的战略，其复杂性高（X 轴的绝对值）；管理者在区域内不同地区和国家旅行，物理的存在变化高（Z 轴的绝对值）；管理者信息的流动性主要处于地区范围内以及和总部之间，因此信息流动性是中度（Y 轴的绝对值）。总的来讲，在三条轴上，全球领导力表现出与其他一般领导力绝对值的差异。这三个维度的内容是外派管理者面临的全球情境的特点，那么全球情境所包含的内容是什么呢？

外派管理者面临的全球情境包含经济、科技、政治、法治、管理、组织、文化、思想观念、人际交往和国际关系等 10 个方面（丁志刚，1999）。全球情境的内涵不仅是跨文化的，也是跨自然的，指的是自然条件、物理意义上的移动；跨地域的，包括跨国、跨地区；跨政治体制的，指在不同政治体制下完成团队工作任务；跨技术的，指的是不同的科学技术应用场景和资源条件；跨经济的，指的是跨金融体系的、跨组织的以及跨利益相关者之间达成经营性目标。

全球情境内涵与全球化的 10 个方面相互对应，文化是思想观念的体现，人际交往是跨组织情境下的能力体现，国际关系是跨政治下的能力体现。全球情境是非线性的，跨文化是线性的，带有方向的。这种全球情境无疑会带来更多的差异性和更频繁的、更深入的跨界，决策时需要考虑的利益相关者更多，竞争压力更大，决策时的影响变量更加模糊，认知的复杂性程度增加，对社交敏感度和行为灵活度的要求提高以及整合各类资源和信息的能力提高。学者对全球领导力的定义会有所争论，但学者大多赞同全球情境正是全球领导力与一般领导力以及跨文化能力最大的区别（Mendenhall 等，2012）。

Caligiuri 总结了全球领导者的十大工作任务，并认为这是全球领导者区别于一般领导者之处，分别是：全球领导者与来自不同国家的人共事，与来自其他国家的外部客户打交道，与来自其他国家的内部客户打交道，在工作中需要使用外语，管理国际员工，站在全球角度考虑商业战略，站在全球角度做组织预算，在其他国家或与其他国家人员进行谈判，管理外国供应商或经销商，应对全球范围内的风险管理（Caligiuri，2006）。Caligiuri 在总结中，给出了全球领导者所面临的全球情境的内容，其包含跨文化、跨地域、跨政治、跨技术、跨经济、跨自然等。

综上，本书将外派管理者面临的全球情境定义为：中国企业外派管理者所面临的具有复杂性、模糊性、依赖性、多样性、流动性和变动性等特点，且表现为跨文化、跨自然、跨地域、跨政治、跨技术和跨经济等的全球性情境（见图 2-1）。

图 2-1　外派管理者面临的全球情境的特点和内涵

第二节　跨文化能力是否适用于对中国企业外派管理者的考察

一　能力与胜任力研究

能力研究是人类对自身进行探索的研究，能力的内涵非常丰富。《中国大百科全书》对能力的释义为"作为掌握和运用知识技能的条件并决定活动效率的一种个性心理特征"，可见能力是个体心理特征的集合。刘晋伦认为：能力是顺利完成某种活动的本领，它是指人准确、快速、有意识地完成某种实践性或思维活动所必需的诸要素的组合，是包括智力、非智力、知识、技能、行为等多因素的复合体（刘晋伦，2001）。对外派管理者的能力考察是在实践场景中的对其素质的观察和验证的研究，素质固然有其天生成分，但更突出的是实践场景中的能力发展。

从哲学的角度，能力是指向客体对象的人的本质力量，能力对象可以是自然、他人、社会，也可以是自身的精神世界（《马克思恩格斯全集》（第3卷），1960）。一是能力必须作用于客体对象，客体对象可以是周围环境，也可以是自身，即人在改变环境的过程中改变了自己，因此个体能力得以开发和发展。二是能力在开发过程有着主观能动性，这体现在人的能力并非生而有之、固定不变的，人的能力在实践过程中得以发展，这正是人类进行实践活动的意义。

彼得罗夫斯基认为：能力是人的心理特点，这种特点是符合相应活动要求的，并且是成功完成这种活动的条件（彼得罗夫斯基，1981）。这说明能力是个性化的体现，且为一组心理特征的体现，这些特征包括知识的、智力的、技能的、行为的，而智力有天生的成分，其他特征则为后天形成和发展的。对能力的考察可以通过对这些要素的考察来完成，即对个体素质的考察，素质在实践中发展为能力，构成了能力的内容，使能力得以实现。

个体能力与工作岗位相联系，特别是与工作绩效、成果等联系在一起时，更常被称作胜任力。McClelland 于 1973 年首次提出胜任力概念，他指出：胜任力是与工作、工作绩效或生活中其他重要成果直接相关或相关联的知识、技能、能力、特质或动机（McClelland，1973）。Boyatzis 认为胜任力要素主要由动机、特质、知识、技能、自我形象、社会角色 6 个方面构成，这些潜在特征具有稳定性（Boyatzis，1982）。仲理峰和时勘认为：胜任力是能区分成绩优异者和普通者的个体潜在且持久的个体行为特征（仲理峰、时勘，2003）。Byham 和 Moyer 将胜任力进一步细分为动机胜任力、知识胜任力和行为胜任力。他们认为动机胜任力是指个人对工作、组织等的心理感受；知识胜任力是指个人知道的事实、技能、专业、程序等；行为胜任力是个人行为并影响绩效好坏。他们进一步将行为与绩效直接关联，并认为胜任力是一切与工作有关的行为、动机与知识（Byham 和 Moyer，1996）。因此，我们常常见到在对企业人员从能力的角度考察时用到"胜任力"概念，在人力资源层面，能力和胜任力常常概念替代，胜任力对结果更为看重，其往往与岗位绩效、考核等挂钩。

Cheetham 和 Chivers 开发了一种综合能力模型，内容包括（1）知识/认知能力：拥有恰当的、与工作相关的知识以及有效运用知识的能力；（2）职责能力/职能：有效完成工作相关的任务取得既定结果的能力；（3）个人行为特征：在工作情境中采取合适并能够观察到的行为的能力，包括社会交往能力；（4）价值和伦理能力：具有恰当的个人价值观并在工作中做出决策的能力；（5）元能力：处理不确定性、学习以及反思等能力（Cheetham 和 Chivers，1996）。

常见的胜任力模型是冰山模型，Spencer 将胜任力按照可被观察和难以观察分为"冰山上"和"冰山下"两层，上层为知识（knowledge）和技能（skills），下层分别为：动机（motives）、特质（traits）、自我概念特征（self-concept characteristics）等（L. M. Spencer 和 S. M. Spencer，1993）（见图 2-2）。动机和特质不容易被发现，且很难改变。

　　胜任力模型常常在人力资源领域被用来作为分析、测量、评价和选拔人才的管理工具。Mclagan 认为，胜任力模型是描述某一特定工作所需能力的决策工具，这比以往用工作描述和技能列表来进行人才管理工作更可靠（Mclagan，1996）。彭剑锋和荆小娟认为，胜任力模型能够反映为完成某项工作并达到某个绩效目标所需不同素质的组合，这些素质包括：自我形象与社会角色特征、动机、个性要求、知识和技能水平等（彭剑锋、荆小娟，2003）。

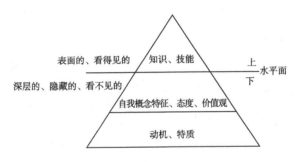

图 2-2　胜任力冰山模型

　　L. M. Spencer 和 S. M. Spencer 使用行为事件访谈法，通过请访谈对象回忆有关典型事件和具体行为来收集资料，对比工作绩效优良者和较差者在这些事件中的行为特征和心理活动，得出胜任力的素质列表，构建胜任力模型（L. M. Spencer 和 S. M. Spencer，1993）。McClelland 以"测量胜任力而非智力"为主题，以通用能力范式，通过长期观察杰出人士的个人行为表现来找到其胜任工作的能力，抽象出个体与工作绩效紧密相关的能力特征（McClelland，1973）。除此之外，能力模型构建还有其他一些广泛使用的方法，如通过问卷调查法、专家小组访谈法、通过关键事件的行为和心理特征来分析的关键事件访谈法等。胜任力模型的构建思路以及行为事件访谈法等素质特征的研究思路，对于本书对外派管理者的能力研究提供了非常重要的参考。

　　目前能力模型的构建范式大致分为以下四类。

一是"认知范式",以展现个体所拥有的完成任务、获取知识、取得绩效的所有心智资源为能力内容。这种范式下的模型重视智力以及心理特征的测量,如"文化智力""全球心智"概念的能力模型就是在这种范式下构建的。

二是"通用能力范式",是通过观察优秀的、业绩突出的个体,分析他们与业绩平平者的区别。最典型的就是"胜任力模型"的构建。

三是"职能分析范式",旨在建立一个基于职能标准的资格框架。主要描述工作场所中优秀的实践活动,并分析出各类职业从业者的工作内容、所承担的工作职责、完成的具体任务。人力资源部门使用的岗位职责书就是"职能分析范式"。

四是"整体研究范式",即整合上述三种范式,以避免各自的缺陷,所谓综合能力模型就是基于这种范式。

能力的整体研究范式,可以参考 Le Deist 和 Winterton 的整合能力模型思路。他们认为:个体需要基本认知层面的知识等,也需要职责能力和社会能力,同时需要以反思为主的元能力。四个维度是不可分割的,具有整体性。可用一个四面体来表示整合能力(Le Deist 和 Winterton,2005),如图 2-3 所示。

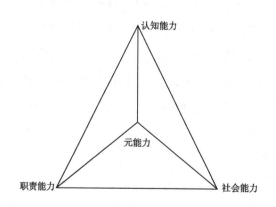

图 2-3 整合能力模型示意

综上可见，能力研究是多学科融合的研究，不仅强调知识、技能、动机和态度等个体的潜在特征，也兼顾个体从事的管理工作任务。除了个体认知和工作任务外，还可通过外派管理者体现出来的行为特点来研究能力特征以及更深层次的价值观的考察，同时结合其作为管理者与他人的社会关系的体现，在外派工作场景中以整体研究范式来进行能力模型构建。

二　跨文化能力研究

文化是非自然现象，包含事物、行为和情感，且是这些的有机结合，如风俗习惯、行为举止和思维模式等（余卫华，2020）。跨文化研究始于人类学研究，耶鲁大学人类学家 Johnson 等在 19 世纪 30 年代的著作中就提到了"跨文化视角"、"文化差异"和"跨文化研究"等概念（Johnson 等，2006）。Hofstede 是研究地区文化的著名学者，他解释了文化的系统性和传承性。他认为文化是以符号为象征的意义模式，社会群体以这种模式和系统进行交流，并以此传承其对人生态度的认识（Hofstede，1973）。

文化维度理论（cultural dimensions theory）是跨文化领域中的代表性理论。该理论认为文化能够区分不同人群的心理密码，同一环境的人群拥有共同的心理程序。其以五个基本的文化价值观维度来区分不同的文化差异，这五个维度分别为：个人主义与集体主义、男性主义与女性主义、对不确定性的容忍度、权力距离与权力平等以及长期和短期视角（霍夫斯泰德等，2019）。1980 年底，Hofstede 和 Michale Harris 在进行联合研究中发现，人们的思维方式受到文化的限制。彭麦克发现了这点，用自行设计的中国人基本价值观清单进行调查，并同时进行 Hofstede 的研究，最终发现三个维度有一定重合，且发现华人价值观调查中没有对不确定性的容忍度，第四个维度为"过去和现在导向"。Hofstede 将这个维度吸纳到其理论体系中，将文化维度理论的第五个维度命名为"长期导向–短期导向"（霍夫斯泰德等，2019）。这充分说明文化差异的确会影响人们的思维方式。

随着社会发展需求的提升，跨文化的相关研究已经从人类学拓展到社会学、心理学、教育学、传播学等学科领域并交叉融合。随着跨国组织的出现，在工商管理领域，多学科对跨文化现象的关注产生了丰富的研究成果。这些研究的侧重点和角度不同，例如，个体能力研究角度的跨文化能力相关研究、人类学角度的跨文化适应研究、心理学角度的全球心智研究、沟通学和传播学角度的跨文化沟通研究、个体心理和组织行为角度的文化智力等研究。笔者将相关的各类概念进行了梳理和对比，可为感兴趣的研究者参考（见表2-1）。

由表2-1可见，跨文化能力是在异质文化中有效行为的能力。其关注什么能力在个体跨文化背景下能有效应用。跨文化胜任力多与岗位、工作任务相关联，突出跨文化背景下，如何保证工作绩效的胜任和完成。Leung等对跨文化能力的理论和实证研究进行了总结，将跨文化能力分为以下三个层次。其一，跨文化特质，指持久的个人特质，在跨文化情境下，可以按照特质来确定一个人的典型行为。其二，跨文化态度和跨文化世界观，指个体如何在本国之外认知其他文化和信息。跨文化能力强的人是能够在跨文化接触经历中有更加正面的认知，高跨文化能力的个体是成熟的、非民族中心的、能够识解文化差异的。描述这种个体特征的因素包括民族中心—民族相关文化世界观、全球主义视角、类别包容等。态度和世界观是对个体认知状态的一种描述，类似价值观。其三，跨文化技能，强调个体通过做些什么，能够在跨文化交往中有效工作。比如，元认知、动机和行为文化智力、语言技能、社会交往灵活性、沟通适应等（Leung等，2014）。这是对个体行为层面的描述。

跨文化特质可以影响跨文化技能行为的生成，跨文化态度和世界观也可以影响跨文化技能行为的生成，跨文化特质还可以影响跨文化态度和世界观的生成。三者之间有着正向的影响关系（Leung等，2014），如图2-4所示。

跨文化能力测量应用于人员选拔和人才培养发展中，作为人才选拔的参考，跨文化能力需要能够体现出标准化的绩效表现，选拔的过程也

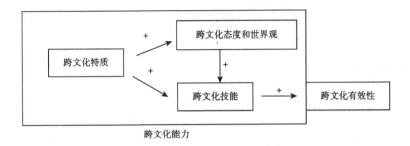

图 2-4 跨文化能力三个层次间的影响关系

是基于这些测量工具的应用。跨文化能力的培养和发展就是跨文化教育，跨文化教育源于 20 世纪 50 年代的移民教育，目标在于通过教育促进文化的交流。2013 年，联合国教科文组织发布《跨文化能力概念与行动框架》，其中解释了跨文化能力所涉及的 25 个核心概念，通过解释力、教授、促进、实施和支持五个步骤来培养跨文化能力。[①] 跨文化能力培养与实践领先于跨文化能力理论体系的建设，在实践中为不同的职业领域服务，如通过跨文化经历来发展跨文化能力、以"干中学"的方式提高跨文化认知（认知学徒制）、进行经验性文化学习等。许多教育机构把"全球胜任力"作为教育培养目标之一，进行全球背景下的以工作胜任力提升为目标的培养，使在校学生能够掌握全球化发展所需要的知识和相关技能，这就是典型的跨文化能力教育。

通过对比可见：跨文化能力是对个体跨文化有效性的能力研究，跨文化能力模型中，个体跨文化特质影响着跨文化态度和世界观进而影响跨文化技能的层面。跨文化能力模型强调个体在自身社会环境中成长，有着个体特殊的认知水平和对跨文化的感知能力，即特质。这些特质和态度、价值观在一起，影响着个体在跨文化环境中的行为表现。跨文化能力是个体文化认知在行为上的体现，反映了从认知到行为的过程，并体现出个体能力的差异。

---

① "Intercultural competence: Conceptual and operational framework," UNESCO, Mar 2013, http://unesdoc.unesco.org/images/0021/002197/219768e.pdf, 2013-03-21.

跨文化适应主要是异质文化的识别和心理以及社会适应问题，涉及跨文化能力中的跨文化态度和世界观以及跨文化技能层面的内容。跨文化交际体现出个体在跨文化背景下恰当有效的建立关系的能力，涉及跨文化能力的世界观和技能层面的内容。全球心智重点讨论全球背景下的个体认知和心理层面的特点。文化智力与跨文化特质、跨文化态度和世界观、跨文化技能三方面有着对应关系，研究的是个体在跨文化环境下的从认知到动机再到行为的系列过程。这些相关的概念，根据研究的角度不同、重点不同，分别讨论了跨文化能力三个层次中的不同内容，以跨文化能力金字塔模型为基础，可标注出这些概念间的包含关系，以更好地理解这些概念内涵。跨文化能力相关概念间的关系如图 2-5 所示。

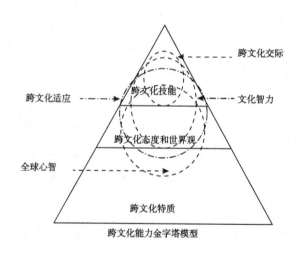

图 2-5 跨文化能力相关概念间的关系

综上所述，跨文化能力是一个比较宏观的概念，如用于对外派管理者的考察则不够聚焦，且无法体现外派管理者所面临情境的全部特点，和外派管理者个体职责特点联系不紧密。而文化智力、全球心智和跨文化适应等跨文化能力相关概念，又无法解释外派管理者的岗位相关的能力特征。因此还需要寻找能体现外派管理者整合能力，即个体特质、职能和社会行为特征多方面的能力概念，来对外派管理者进行考察。

表 2-1　跨文化能力及相关概念的辨析

概念、理论	定义	起源	涉及学科	主要内容	理论关系描述
跨文化能力（Intercultural Competence/Cross-cultural Competence）	Triandis 定义为获取和使用信息的认知以及与其他文化相关的知识的能力（Triandis, 1977）；Chen 和 Starosta 认为跨文化能力涉及情感、认知和行为方面（Chen 和 Starosta, 1996）；Ruben 定义为在不同文化背景下进行适当沟通行为的能力（Ruben, 1976）；Hammer 等定义为在跨文化环境中正确思考和行动的能力（Hammer, 2003）；Campinha-Bacote 认为跨文化能力是一个对于自我意识和个人成熟从低层次到高层次的学习过程（Campinha-Bacote, 2002）	自 20 世纪 50 年代，顺应时代的发展，国际交流的增多，研究什么能力才能关注于个体在跨文化背景下是有效的	心理学（认知心理学、社会心理学）、教育学、传播学	早期研究侧重于能够在异质文化中理解文化差异的能力，适应文化差异并能采取适当行为的能力。理论围绕"跨文化有效性"展开，研究对象是个体，较多集中在稳定态度的特质和要素研究上，动态研究多集中学习的过程中在个人特质，Leung 等研究集中在个人特质，Leung 等文献综述中共提取近 30 个相关模型以及 300 个相关特质中的个人特质，这些特质大多集中在跨文化特质、跨文化态度以及世界观以及跨文化技能三个方面（Leung 等, 2014）	跨文化能力是一个比较宽泛的概念，描述个体在面临跨文化环境时，为了有效地达目标而体现的能力都可以叫作跨文化能力。它是在跨文化背景下进行能力运用的基础理论，根据不同而衍生出诸多如跨文化沟通、跨文化适应等等相关概念
跨文化适应（Culture Adaption, Acculturation, Enculturation）	人类学家 Redfield 定义跨文化适应是两种不同文化的群体在连续接触的过程中，产生的两种文化模式的变化（Redfield, 1936）。个体从一种文化转移到另一种文化后，基于对两种文化的认知和感情依附，个体会做出的一种调整，有倾向的行为选择和行为调整。Acculturation 指格母体文化进行了对外文化适应，而 Enculturation 指外来文化对母体文化的一种内文化适应（王丽娟, 2011）	始于 20 世纪初期的美国，最早由人类学家罗伯特·雷德菲尔德·拉尔夫·林顿和梅尔维尔·赫斯科维茨于 1936 年提出	人类学、社会学、语言学、心理学（特别是社会心理学、文化心理学）、传播学	"文化适应"包含文化和适应两项主要内容。首先是对异质文化的发现和认知，其次是基于母文化的对异质文化的适应，包括心理适应和社会适应，即个体价值观和态度变化以及行为变化（Redfield, 1936）。随着研究的发展，难民研究、移民研究，从事国际业务的专业技术人员、商人的文化适应以及展至留学生最先的文化适应，商人的文化适应以及外交人员的文化适应，甚至旅行者对异质文化的适应	跨文化适应这个概念起源于人类学和心理学领域，发展研究起始时间最早，应用于旅居者和移民等群体。如果说跨文化能力更重"有效性"，文化适应则重在"适应"，关注文化异质性的识别、行为上与异质文化的融合和调整

续表

概念、理论	定义	起源	涉及学科	主要内容	理论关系描述
全球心智（Global Mindset）	Javidan认为全球心智是个体理解和影响异质文化相关的所有素质和性格特点，是与此能力相关的认知过程（Javidan, 2007）。Bouquet认为，全球心智是一个动态认知过程，并非个体差异的某个层面，具有全球心智的个人有敏锐性，并有全球文化适应能力（Bouquet, 2005）	起源于心理学有关个体认知的研究中的概念——心智模式（Mindset Model）。1969年Perlmutter提出一种世界导向思维的"地球中心主义"（Perlmutter, 1969），即全球心智的起源	心理学（认知心理学）、管理学（组织行为学）	Khilji等认为全球心智与竞争优势形成相关，并强调是一个对于复杂度多维度的认知过程。全球心智是多维的，对文化背景的整合、充满希望以及对于成功的坚守开放性，对文化背景的整合、充满希望以及对于成功的坚守等。公司通过提高全球心智来提高全球领导者对待跨文化的不同关系认知，行为和关系认知，良好领导下属关系，并获得竞争优势（Khilji, 2021）	全球心智是一项认知能力的体现。这个概念主要运用在跨国组织中，跨国管理者首先有对环境复杂性的认识，并能够进行资源整合。因此全球心智首先是发现不同文化的差别，然后将这些差别整合通过对于跨文化的"同"而非差异协调异质文化的态度上更加强调包容性，重点并非在差异辨别（Khilji, 2021）
文化智力（Cultural Intelligence/ Cultural Quantum 简称：CQ）	Earley与Mosakowski将文化智力定义为一个管理者感知新的文化背景并能够融入的能力，并进一步阐释文化智力。文化智力是一种个人能力，遇到新的文化情况时往往能够应付自如，并很快化解文化冲突之处（Earley和Moskakowski, 2004）	文化智力概念由Christopher Earley和Soon Ang在2003年出版的《文化智力》一书中首次提出	管理学、心理学	Earley与Ang将文化智力归纳为三维结构，分别是认知、动机和行为（Earley和Ang, 2003）。Earley与Mosakowski将三要素分别比喻用人的头脑、心灵和身体来说明其作用（Earley和Moskakowski, 2004）Ang等将认知又进一步细分为认知和元认知，形成目前应用的文化智力四维结构（Ang等, 2007）。Ang还拓展了文化能力的文献，发展了四维的智力和跨文化能力的量表——CQS量表（也是目前实证研究中使用的量表）	文化智力是一个多维的能力概念，是跨文化能力中重要的组成部分。概念较清晰，并有实证研究的表明其对于跨文化领导效的预测效力超越了跨文化认知、大五人格和跨文化经验等。文化智力并不是固有稳定的，是可以习得和发展的个人能力，由此在跨文化研究中成为一个重要的能力指标

续表

概念、理论	定义	起源	涉及学科	主要内容	理论关系描述
跨文化交际（Intercultural Communication）	Perry 和 Southwell 定义为在不同文化背景的人们有效、恰当地交往生的能力（钟雨霏，2020）	源于 20 世纪四五十年代的美国，文化学家 Edward T. Hall 的著作 The Silent Language 是跨文化交际研究的第一部专著	人类学，心理学，语言学，社会学，传播学	Intercultural Communication 的定义呈现多元化、零星化。但是无论是"恰当"和"有效"种定义都可以将"恰当"和"有效"作为评判跨文化交际表现的两个主要标准（钟雨霏，2020）	跨文化交际是跨文化能力在关系建立和发展上的重要关系体现，跨文化交际能力的研究最初是以"有效性"为中心的跨文化交际能力理论的零星建构。它反映了个体在异质文化中建立和发展恰当有效关系的能力
外派研究（Expatriate/International Assignments Research）	Shaffer 等定义外派是跨国公司在安排其跨国岗位时通常用到的人事战略，外派员工在国外生活工作一年以上，完成外派工作并返回本国（Shaffer 等，2012）	19 世纪 70 年代之后，跨国公司的跨国业务持续增长，公司通过外派安排员工去往国外工作。为了避免外派的失败，学者尤其是组织行为学者开始研究外派工作	组织行为学，国际商务，跨国公司管理，跨国人力资源管理，应用心理学	外派研究主要探讨跨国公司的员工外派任务，主要从公司管理角度讨论人力资源管理如何避免外派任务的失败，并对于员工心理变化、能力培养等方面展开了更多的讨论 外派研究讨论的内容主要集中在三个方面：外派选拔和培训，外派人员的跨国适应以及外派归国问题（熊琪，2016）	外派研究围绕外派人员展开，聚焦在跨国人力资源管理领域，运用前述的跨文化能力，跨文化适应等工具来进行外派选拔以及培训，外派适应以及归国管理等方面的讨论。外派是一个紧密结合合作实践的跨国人力资源战略的应用

三 企业组织情境下的跨文化能力研究

（一） 有关跨文化胜任力的研究

跨文化胜任力是跨文化能力在跨国组织人力资源管理领域的应用研究。1990 年，Gertsen 提出跨文化胜任力是在另一文化中有效工作的能力，并在文章中通过对丹麦 17 个公司的外派人员的半结构化访谈，提出跨文化胜任力包含情感、认知和沟通三个维度，并在此基础上提出培养跨文化胜任力的方法 （Gertsen，2009）。Johnson 等通过对跨文化胜任力研究的综述分析，将跨文化胜任力定义为个人在本国或者外国面对来自不同国家文化背景的人时，能够集合相应的知识、技巧和个人特质，有效并成功地完成工作的能力 （钟雨露，2020）。

跨文化胜任力的内涵与跨文化能力研究一脉相承，李艳霞和杨永康通过对跨文化胜任力的相关文献研究认为：跨文化胜任力研究分为素质能力视角和前件因素视角，前者主要强调个体适应能力、文化认知以及文化适应的行为，后者强调能够形成高跨文化胜任力的前提条件，如个体特质和环境因素。他们还归纳了跨文化胜任力研究中，往往将个性特征归为稳定因素，将文化认知和文化技能归为可变因素 （李艳霞、杨永康，2009）。在熊琪的有关跨文化胜任力的文献研究中，将跨文化胜任力要素分为：跨文化知识、经验、技能和态度四个方面 （熊琪，2016）。无论如何划分，可以看出跨文化胜任力的内涵是建立在跨文化能力的模型基础上的，所不同的是，跨文化胜任力更强调工作绩效和工作满意度，有效性是跨文化胜任力的核心，从这点来讲，跨文化胜任力是跨文化能力在组织层面的应用，也是跨文化能力在国际商务领域、跨国组织层面对个体工作绩效要求的体现，因此广泛应用于跨国人力资源管理的研究中。

这里需要特别说明的是，在英文中，无论是能力还是胜任力，都是 competence。但是在中文中，能力和胜任力被区分开来，目的是强调能力研究的基础性，而胜任力研究与工作任务和岗位绩效具有相关性。

　　中国有关跨文化胜任力的研究近年来呈增长态势，一类是综述类的研究，旨在引进概念，启发相关研究，如李艳霞等的相关文献述评研究；另一类是有关模型构建的研究，参照国外的量表和跨文化能力模型进行的实证研究，如李宜菁和唐宁玉以 Gertsen 的情感、认知和沟通三个维度为基础通过访谈提炼出相关能力特征（李宜菁、唐宁玉，2010）。高嘉勇和吴丹同样以这三个维度为基础构建了由跨文化认知能力、跨文化心理管理能力、跨文化人际交往能力等三个维度的能力特征模型（高嘉勇、吴丹，2007）。在国内研究中，跨文化胜任力主要用于外语教学中对学生的跨文化能力培养研究，如孟兰娟和唐惠润以知识、技能和动机三个维度，以西方的跨文化适应性量表（CCAI）和跨文化能力测评（AIC）为基础，设计了中国外语（国际）新闻传播人才跨文化能力量表，并进行了验证（孟兰娟、唐惠润，2020）。这一类实证研究使用西方已有研究模型，以中国外派人员或学生为研究对象进行跨文化胜任力研究，属于以中国实践验证西方已有研究模型，中国文化中的价值观念，是否会影响跨文化的交际互动等特征，这些还有待进行更多的理论研究和实践证明。

（二）有关跨文化管理的研究

　　在研究早期，许多管理学者认为美国的管理理论有着"普适性"，且值得其他国家的经理人效仿以获得一致的"有效性"，因此这个时期更多的跨文化管理研究内容重在发展"美国式的管理能力"。虽然这一时期的研究承认文化差异的存在，但仍含蓄地强调母国文化和价值观的一致性，更强调以管理控制的方式进行跨文化管理。这种情况直到日本制造以及管理方法在 20 世纪 80 年代崛起以及互联网技术开始快速发展才被颠覆，而对文化问题的关注逐渐走向了跨文化管理的前台和中心（张红玲，2010）。

　　随着"多中心的""地区性的""矩阵式"的跨国组织出现，外派管理者要拓展其技能，才能更有效的工作以及在当地进行社会交往。这样，管理中控制的一面要变得相对宽松，转而更多体现出对于文化价值观的分享，即建立在文化认知基础上的，通过文化管理和融合管理的方式来展现。Hofstede 于 1980 年出版的《文化的后果》一书引发广泛关注，他将更多的焦点引到管理和组织行为的比较研究中。学者们纷纷将其研究结果应用于外派和跨文化调整等。这种对文化差异的关注以及在文化认知基础上的价值观分享式的管理方式的研究和应用一直到今天仍然热度不减。

跨文化管理是在跨国业务中，公司克服跨文化冲突，创建企业的独特文化并形成有效管理的过程。Alder 将跨文化管理的研究分为以下三类。第一类是单一文化研究，侧重于对某一国家组织管理的研究。这类研究很多，比如中国式管理研究、Hofstede 的文化维度理论中对某一国家或者地区的文化特点的总结等。第二类是比较文化研究，旨在考察两个及以上国家的组织管理，并描述它们之间的差异，进行比较分析，比如不同国家的冲突解决方法的比较。第三类是跨文化研究，侧重于研究来自两个或两个以上国家的组织成员之间以及内部的互动。例如，在菲律宾的跨国公司的丹麦外派经理与菲律宾员工之间的跨文化沟通（Adler，1983）。

有学者指出，文化并非组织面临的唯一情境，不可忽视影响组织行为的其他方面（迟若冰等，2020）。时代发展至今，跨文化管理业已面临一个新的情境，即"全球情境"。

跨文化管理能力是个体层面的能力研究。Lana 等认为跨文化能力内涵包括发展和使用全球战略技巧、管理变化与调整适应的能力、文化多样性管理、进行团队协作、团队沟通以及组织学习并运用所学的能力（Lana 等，1988）。孙宇经过文献综述认为跨文化管理能力是指管理者在不同特征文化下的适应性，以及正确感知和有效处理不同文化间的冲突的能力，其通过团体焦点访谈的研究方法，总结出 14 项合资企业管理者跨文化管理能力要素（孙宇，2012）。刘耘认为跨文化管理能力指管理者在不同的文化里，能有效地协同不同文化对组织行为产生影响的能力，以及能有效地与来自不同国家和文化背景的人沟通的能力（刘耘，2005）。

综上可见，跨文化管理能力是管理者在异质文化下能有效进行管理的能力，其本质是跨文化能力在组织管理层面的体现，融合了管理学与社会学的分析，既有跨文化研究内容，又有管理学研究内容。跨文化管理能力的研究将管理学研究方法和范式引入跨文化能力研究中，扩展了跨文化能力研究在组织中的应用。如 Xiaoyun Guang 和 Peerayuth Charoensukmongkol 以社会交换理论为分析框架，用文化智力量表，研究了在泰国工作的中国外派人员的文化智力对其领导力效能的影响（Guang 和 Charoensukmongkol，2020）。Peerayuth Charoensukmongkol 以外派人员的善心为中介变量，以上级-下属关系为研究框架，研究中国外派人员的文化智力如何促进其与泰国员工之间的上级-下属关系（Charoensukmongkol，2021）。Dan Wang 等以管理学中的社会学习理论为框架，研究中国企业外派管理者在本国培养的管理技巧在不同国家和文化背景下应用时的有效性问题（Wang 等，2017）。

还有一类跨文化管理能力研究沿袭跨文化能力的特质的研究范式，研究外派管理者的能力特征、要素等。在中国的外派管理者研究中，以能力特征为研究内容的文献并不多见，比较多见的还是上述以西方管理理论和框架以及量表进行理论验证和分析的实证研究，这也是中国在管理研究中亟待解决的问题。

（三）有关跨文化领导力的研究

与跨文化管理能力研究一样，领导力的研究同样受到跨文化研究发展的影响。在此之前，领导力理论研究专注于单一文化体系中的领导现象的特点，这种单一文化下的领导力的研究过于集中会使美国学者研究的领导力更注重个人主义传统与自我意识，而亚洲学者更注重集体主义特性，这样的领导力理论必然会有某一特点文化体系的烙印（刘建军、况皓，2002）。

跨文化领导力理论中最有影响的就是基于 Hofstede 的文化维度理论，由美国管理学者 Robert House 教授于 1991 年发起的 "GLOBE"（全球领导与组织行为效力研究）项目。该项目吸纳了全球多位学者加入，最终形成了一个由全世界 62 个不同文化地区的 150 名社会科学和管理科学研究者组成的研究员网络。研究人员来自各个文化地区，在代表中国文化的学者中，1 位来自苏州大学、5 位来自复旦大学、4 位来自台湾、4 位来自香港。创建文化智力理论的学者 Early 却是代表中国地区文化的研究学者。也就是说，共有 15 位学者主要研究中国文化对领导力和组织行为的影响（House，2004）。GLOBE 项目旨在研究各国文化之间的异同，分析文化差异如何影响各地组织的实践行为尤其是领导行为，这也是跨文化领导理论中非常重要的一项研究。

GLOBE 项目使用 9 个社会文化维度来描述文化的特征差异。与文化维度理论比较，更细腻地体现了文化地区的差别，而非以国别为文化区别，这 9 个维度为：不确定性规避、权力距离、社会集体主义、群体集体主义、两性平等、自信、未来导向、绩效导向、人道主义导向。该理论纳入了文化的两个层面："文化现实"，这是一个国家文化中家庭、学校、经济、司法组织等现实（as is）的行为和习惯，反映了个体实际行为标准；"文化价值观"，是一个集体中成员对事情"应该如何进行"（should be）的价值共识。在分析各个国家的数据后，他们将全球分为 10 个社会集群：儒家文化圈、盎格鲁（英美）、中东、拉丁美洲、北欧、撒哈拉以南非洲、东欧、拉丁欧洲、南亚、日耳曼欧洲（德、奥、瑞士、荷），认为在同一集群中的国家文化、价值观和信念具有较大相似性，在社会集群间则有较大差异性。House 等认为根据中国传统儒家文化对周边国家和地区的辐射，形成一个以中国内地、中国台湾、中国香港、日本、韩国等东亚国家和地区为主体的儒家文化圈（Confucian Asia）（House 等，2004）。儒家文化圈的 9 个文化维度得分情况，如表 2-2 所示。

表 2-2　GLOBE 项目中儒家文化圈的 9 个文化维度得分

文化维度	不确定性规避	权力距离	社会集体主义	群体集体主义	两性平等	自信	未来导向	绩效导向	人道主义导向
儒家文化圈	中	中	高	高	中	中	中	高	中

GLOBE 项目的一个重要成果是"内隐领导理论"（Implicit

Leadership Theory，ILT），因与本书研究的关系比较大，在此做个介绍：ILT 理论认为领导者与追随者、有效和无效的领导之间存在区别性属性和行为，存在隐含的信念和假定，这种隐含的信念和假定就是"文化"，且不同文化之间，内隐领导理论存在相当大的差异。理论提出 6 个维度和 21 个子维度，分析了在不同文化维度下各文化集群中的领导力特征。以中国为主的儒家文化圈总体特征为：独立决策的领导工作、关心他人、结果导向的文化、鼓励团队合作胜过个人目标（House 等，2004）。本书在此翻译整理出与研究紧密相关的儒家文化圈的 ILT 维度和子维度说明以及 ILT 在不同文化集群中的评价，分别如表 2-3 和表 2-4 所示。

表 2-3　GLOBE 项目中 ILT 维度和子维度说明

ILT 维度	释义	子维度	分值
领袖魅力/基于价值的领导	有能力鼓舞、激励和期望他人在坚持核心价值观基础上，完成高绩效结果	远见 鼓舞人心 自我牺牲 正直 果断 绩效导向	4.5~6.5
团队导向领导	有能力构建有效团队，使团队成员为了一个共同意愿或目标而奋斗	合作型团队导向 团队整合 对外交往 恶意（逆向评分） 行政能力	4.8~6.2
参与式领导	领导使其他人参与决策制定和实施过程的程度	专制（逆向评分） 非参与性（逆向评分）	4.5~6.1
仁慈型领导	体现了支持、体谅、关爱和慷慨的领导方式	谦虚 以人为本	3.8~5.6
自主领导	独立的个人主义的领导方式	自主	2.3~4.7
自我保护型领导	关注于确保个人或团队成员的安全和保障	自我中心 状态意识 冲突诱因 要面子 程序化	2.6~4.6

注：分值是指在国家文化层面从 1（极大抑制）到 7（极大促进）领导力的显著效果。

表 2-4　GLOBE 项目中 ILT 在不同文化集群中的评价

文化集群	领袖魅力/基于价值的领导	团队导向领导	参与式领导	仁慈型领导	自主领导	自我保护型领导
儒家文化圈	中	中/高	低	中/高	中	高
英美	高	中	高	高	中	低
中东	低	低	低	中	中	高

　　GLOBE 项目的研究还指出了 22 项在各类文化中被认为对领导力有积极影响的个人属性和行为（见表 2-5），8 项被普遍认为不利于领导力发挥的个人特性以及 12 项在某些文化下被视为积极因素、在某些文化下被视为消极因素的领导者属性和行为（见表 2-6）。这些数量众多的文化权变特性，在很大程度上解释了各类不同文化间的领导行为差异。

表 2-5　GLOBE 项目发现的各类文化中被认为对领导力有积极影响的个人属性和行为

值得信赖的	事先计划	积极的	有激励性	果断的
公正的	鼓舞人心	动态的	可靠的	有效的谈判者
诚实	见多识广	动机激发者	协调者	双赢的问题解决者
有远见	卓越导向	信心构建者	聪明的	精通行政管理
善于沟通的	团队构建者			

表 2-6　GLOBE 项目发现的与特定文化相关的领导者属性和行为

雄心勃勃的	有逻辑性的	谨慎的	有条理的	富于同情心的
专横的	独立的	个人主义的	真诚的	世故的
正式的	敏感的			

　　科恩在《跨文化领导》一书中定义的跨文化领导力包括五大关键能力，即领导个人魅力、敏锐的观察力、大局观、以人为本的领导理念和让人心悦诚服的领袖风范。他认为跨国领导者能够迅速适应环境，在不同文化中恰到好处地做出决策并行动，同时与周围人能够和谐相处、

良好互动（科恩，2009）。刘建军和况皓认为跨文化领导者是驾驭新型文化环境的能手，是吸收先进领导理念以及黏合各类文化资源的巧匠（刘建军、况皓，2002）。

跨文化领导力的研究可分为以下两类。一类是跨文化领导力沿袭比较文化的思路，研究不同文化中领导力的表现，并进行对比分析。如上述的 GLOBE 项目成果、内隐领导理论以及 House 等研究的不同文化中不同领导行为的有效性（House 等，2004）；Chong 和 Thomas 发现领导者和追随者的种族会影响满意度，不同文化背景中的领导力模型不同（Chong 和 Thomas，1997），如 Den Hartog 等认为敏感性在一些专制主义文化中被认为是劣势，而在一些支持性文化中被认为是优势（Den Hartog 等，1999）。舒绍福认为东方领导者在领导跨文化团队时，沿用传统的家长式领导风格，容易遭遇跨文化团队的挑战。而"愿景型"、"民主型"和"辅导型"的组合式领导风格则更受欢迎（舒绍福，2014）。

另一类跨文化领导力的研究以能力研究为基础，考察跨文化领导能力的构成要素和影响因素。如 Graf 通过对来自美国和德国的 MBA 学生进行访谈得出，跨文化领导力包括跨文化交际能力、敏感力、问题解决能力、人际能力和自我监控能力（Graf，2004）。顾霄勇等以实证研究的方式，从愿景导向、组织运营和团队构建等维度构建了跨文化企业组织领导力评价体系（顾霄勇等，2014）。还有以管理理论为研究框架，结合跨文化相关研究进行的实证研究，如杜娟以高层梯队理论和社会认知理论为基础，研究跨文化高管团队的行为整合和学习模式对领导潜力的影响（杜娟，2013）。何斌等以中德跨文化团队为研究对象，结合领导力理论和跨文化管理理论，构建了中德跨文化领导力结构模型并进行了验证（何斌等，2014）。刘冰等通过对 30 名外派项目经理的访谈和扎根理论研究，构建了项目经理跨文化领导力结构维度（刘冰等，2020）。

实际上，直接以跨文化领导力为主题的研究并不算多，原因主要为，西方针对外派以及跨国人才培养的研究更多地直接以跨文化能力、跨文化沟通、跨文化技巧为主题，有关管理者的研究也多放在对这一类主题或者跨文化管理的主题中。而有关领导力在跨文化情境中的研究，随着情境分析从跨文化到全球化视角，多转向全球领导力，但一些Global leadership 的相关研究却被翻译为跨文化领导力。比如科恩《跨文化领导》一书的中文版，以及相关综述文章里都存在对跨文化领导力和全球领导力、跨文化胜任力概念和翻译混用的情况，这使研究者对全球领导力概念在中文研究环境中的使用产生误解和混用的情况，急需更多的研究来进行更深入的说明。

（四）外派研究

外派研究是以外派人员为研究对象的所有研究，随着企业跨国发展而出现，且一直是跨国公司管理中的热点问题。1981 年，Tung 发表了该领域的一篇文章 "Selection and training of personnel for overseas assignments"，其通过调查 80 个跨国公司的负责人，发现外派工作的失败率高达 40%。在文章中，他认为外派失败是指由于在外派工作中员工无法有效工作而被召回或辞退（Tung，1981）。这篇文章引起许多学者对外派研究的关注，他们围绕如何降低外派失败、如何有效开展外派工作展开讨论，见表 2-1 中最后一项。外派研究中很多是有关国际企业的人力资源管理的，如胡羚燕在书中详细分析了文化差异在国际企业人力资源管理实践中的体现，以帮助跨国企业的人力资源管理人员提高跨文化管理能力（胡羚燕，2018）。魏华颖在《国际外派人力资源管理》中主要针对跨国公司的国际外派人力资源这个特殊人群，从战略、招聘、绩效管理、薪酬管理、培训与开发、职业生涯管理、回任管理、权益保护等不同模块，对国际外派人员管理进行了深入分析和阐述（魏华颖，2012）。外派研究可以大致分为以下三类。

一是外派选拔和培训。其主要内容为如何选拔合适的外派人员以及选拔后的相关培训。外派人才的挑选研究聚焦于个人特质方面，有的关注特质描述方面，比如，Mendenhall 和 Oddou 提出了一个影响跨文化外派的四维度模型，其中三项都是个体的性格和技能特征方面的，即自我取向（加强自信、自尊）、他人取向（加强与他人互动）、感知取向（理解外国人为何要这么做），以及第四项外国文化韧性（Mendenhall和 Oddou，1985）。Gertsen 进行了更深入地分析，并结合跨文化能力将影响外派的因素分为：情感、认知、行为（沟通）三个方面（Gertsen，2009）。20 世纪 90 年代后，特别是有关人力资源管理研究发现大五人格理论对于工作表现有效性的预测后，更多跨文化领域研究聚焦于大五人格与外派人才选拔标准的关系上，尤其是个人特质对工作表现、文化适应以及保留外派职务等的影响。Ren 等研究了外派的经理与本地下属之间的关系对其职业绩效的影响以及文化智力的作用（Ren 等，2020）。Crowley-Henry 等研究了有关外派经理如何聘用和留住国际人才的问题（Crowley-Henry 等，2021）。

二是跨国适应问题。跨国适应指的是外派人员（或其配偶）在接触外国文化时的熟悉度和心理舒适感。比如，Takeuchi 等研究了外派经理的领导行为如何影响东道国国民（Takeuchi 等，2021）。Sokro 等以在非洲撒哈拉以南经营的跨国公司为样本，研究发现来自组织的支持与外派人员适应、任务完成和工作满意度呈正相关关系。实证结果也表明，外派能调整部分中介与任务完成和工作满意度之间的关系（Sokro 等，2021）。

三是外派归国问题。外派研究中有一部分是聚焦在外派任务完成后归国的问题，Adler 在研究中发现，外派人员归国后重新融入的过程甚至比派出国外还要困难（Adler，1981）。学者们对归国后过程展开研究，Black 等认为影响外派人员归国适应的有个体、工作、组织和非工作等变量。并在实证中发现年龄、海外工作时间、归国后社会地位、住房情况都与外派归国适应的变量相关，并影响外派人员自身及其伴侣关系（Adler，1981）。外派归国问题还常常伴随没有满足的预期、感到不受尊重以及担心未来职业之路等。Dwyer 的研究则介绍了外派经理如何解决外派遇到的各种问题（Dwyer，2018）。

外派研究是以外派人员为研究对象的研究的总称。前面提到的关于跨文化能力、跨文化适应、跨文化交际、文化智力、全球心智、跨文化胜任力、跨文化管理、跨文化领导力的文献，都有将这些概念用于对外派人员的相关研究中。以"外派管理者""领导力"为关键词在知网搜索，可见5篇文章，其中2篇是外国管理者在中国从事外派工作的，1篇是有关全球心智的，只有2篇谈到外派管理者的领导力研究；以"中国企业外派管理者"为关键词在知网扩大搜索，仅有1篇有关在中国的韩国外派管理者的研究；以"外派管理者"为关键词在知网搜索，仅有2篇有关跨文化适应、1篇跨文化管理的研究。搜索中均未见以中国企业外派管理者为研究对象的以全球领导力为核心概念的研究，可见这是一个亟待填补的研究领域。

综上所述，"个体能力"在跨文化情境下的研究即为"跨文化能力"，（侧重在）对能力的不同层面研究体现为"跨文化适应"、"全球心智"、"文化智力"和"跨文化交际"等概念及理论。"跨文化能力"与工作岗位的结合以及应用于人力资源开发中体现为"跨文化胜任力"，针对管理者的工作职责，产生了"跨文化管理能力"概念。与此同时，个体在组织环境下，需要带领团队达成目标，有着以"领导力"为核心概念的研究，当组织环境到了跨文化环境中，则有"跨文化领导力"的研究。当工作场景聚焦于外派工作，研究对象聚焦于外派人员，与外派相关的研究都可以归类为"外派研究"，在外派研究中，以上提到的核心概念都可以作为研究工具来使用。

第三节　寻找对外派管理者更适用的概念——全球领导力

一　为什么是全球领导力？

综合上述两节对全球情境以及跨文化能力相关概念的分析可见：其一，随着跨国企业全球战略的开展，对外派管理者的能力要求已超越跨文化的范畴，成为全球情境下的工作任务；其二，以跨文化能力及相关概念对外派管理者能力进行考察，过于宏观，且与工作情境的结合不紧密；其三，跨文化管理、跨文化领导等概念目前涵盖重点多为文化比较视角，对于外派管理者面临的全球情境没有很好的覆盖，且理论发展还未能考虑管理者自身的本土文化情境影响。鉴于以上分析，要想对中国企业的外派管理者在全球情境下的个体能力发展做出透彻的分析，需要一个能够兼顾个体能力、职责特征、工作情境等方面的概念，这个概念就是近年来发展起来的全球领导力概念，见图 2-6 的分析。

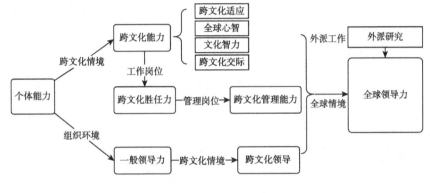

图 2-6　全球领导力概念分析

　　目前全球领导力的定义可分为三类，如表 2-7 所示。

　　第一类是状态描述类型，用全球领导者所承担的特定任务、活动、工作范围、角色和责任来定义。状态定义的本质和岗位紧密相关，状态定义旨在识别出完成这些工作任务所必需的能力和技能的集合，这类状态描述的定义是从岗位胜任力视角做出的。

　　第二类是过程描述类型，全球领导力并不是将领导者在本国内的管理行为属性和活动扩展到多文化背景，而是一个过程，反映出一个人扮演全球角色和履行职责，包括领导在国际化背景下与周围人交往时所体现出来的高质量的关系，以及领导如何施加影响力的运行机制。

　　第三类是全球领导力定义兼具管理者工作的状态描述和过程描述，描述了能力形成的过程、与岗位胜任的关系，突出全球情境对领导力产生的深远影响，也更清晰地体现全球领导力和一般领导力的区别。

表 2-7　全球领导力定义辨析

定义类型	研究者	定义
状态	Suutari	全球领导者是在全球组织中承担全球整合责任的管理者（Suutari，2002）
	Harrison 等	全球领导人在尊重文化多样性的同时，能够在全球环境中有效运作（Harrison 等，2004）
	Bird 和 Osland	任何在公共、私人或非营利部门领导全球变革的人都是全球领导者（Bird 和 Osland，2005）
过程	Osland	全球领导力即"一个全球社区的思维、态度和行为的影响过程，以协同一致地朝着一个共同的愿景和共同的目标"努力（Osland，2008）
	Beechler 和 Javidan	全球领导力是一个影响个人、团体和组织（在全球组织的内部和外部）的过程，代表着不同的文化、政治、体制系统，为实现全球组织的目标做出贡献（Beechle 和 Javidan，2007）
兼具状态和过程	Mendenhall	全球领导力是指个人在任务和关系高度复杂的背景下，影响来自多民族文化和区域的人的一系列内部和外部要素和技巧（Mendenhall，2011）
	Mendenhall, Osland, Bird, Oddou, 和 Maznevski	全球领导者是在多个跨界利益相关者、多个外部跨界权力来源、多元文化下，在时间、地理和文化的复杂性条件下，能够通过建立信任、设计组织结构和流程带来组织的正向变革的人（Mendenhall 等，2008）
	Mendenhall, Reiche, Bird, Osland	全球领导力是一个通过结构变革和措施来影响他人采取共同愿景的过程。这个过程处于显著复杂的、流动的和存在的背景之下，通过培养个人和团体，带来正向的改变（Mendenhall 等，2012）

　　全球领导力相关研究在国际上以 Joyce S. Osland、Ming Li、Mark E. Mendenhall、Allan Bird、G. Oddou 等为代表，他们创办了定期出版的学术刊物——*Advances in Global Leadership*。除此以外，*Journal of World Business*（2012 年）、*European Journal of International Management*（2013 年）以及 *Organizational Dynamics*（Executive Summaries，2013 年）三本期刊先后出版了有关全球领导力的专刊。

　　笔者通过研究工作以及参加由以上提到的学者主讲的"全球领导力线

上测评项目"（2019 年）、"教师辅导项目"（2019 年 8 月）以及"全球领导力线上工作坊"（2021 年 4 月），更加细致和全面地了解了目前西方全球领导力理论和应用的发展，经过体验、总结和分析后认为：全球领导力概念是目前为止最适合对中国企业外派管理者进行能力研究的概念。

本书对全球领导力的定义为：全球领导力是在复杂多元的全球情境下，外派管理者影响并带领全球化组织达成愿景和目标的能力。

图 2-7 展示了全球领导力的概念框架。一是，全球领导力在极端复杂多元的、流动的、变动的全球情境下，是跨文化的、跨自然的、跨地域的、跨政治的、跨技术的也是跨经济的；二是全球领导力是带有领导者自身社会文化情境因素影响的，这些影响渗透于能力要素中，并体现出来；三是全球领导力是变革的过程，是施加影响力的一个过程，是超越个人，从而获得更多人的追随来达成组织愿景和目标的过程。

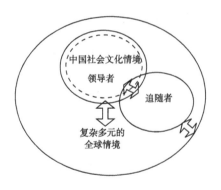

图 2-7　全球领导力的概念框架

二　有关全球领导力概念的研究

全球领导力的因素构建可以从两个方面来考量："个人需要具备什么能力才是有效的全球领导者"以及"管理者如何培养这些特质来胜任海外业务的开展"。现有的全球领导力的能力要素研究依照跨文化能力模型的研究路径，即从跨文化能力所包含的跨文化特质、跨文化态度和价值观、跨文化技能三个方面来描述要素组成，表 2-8 列举了其中比较有代表性的要素研究。

表 2-8　全球领导力能力要素研究举例

作者	研究主题	研究方法	结论
Rosen, Digh, Singer 和 Philips	探索领导力共性	采访来自 28 个国家的 75 位首席执行官，获得 1058 份首席执行官总裁、董事总经理或董事长调查报告	领导力共性包括：个人的、社会的、商业的、文化的。许多在本质上甚至相矛盾（Rosen 等，2000）
McCall 和 Hollenbeck	确定如何选择和培养全球高管，并了解他们如何突变	对来自 36 个国家，36 家全球企业的 101 位成功的全球高管访谈	全球领导力包括：思想开放，灵活变通；文化的兴趣和敏感性；认知复杂；灵活、机智、乐观、精力充沛；诚实和正直；稳定的个人生活；有未来增值技术或商业技能（McCall 和 Hollenbeck，2002）
Goldsmith, Greenberg, Robertson 和 Hu-Chan	确定全球领导力维度	访谈 202 位高潜质下一代领导者，收集了 73 个分论坛成员调查表	全球领导力共 14 个维度：诚信、建设性对话、共享愿景、发展人才、建立伙伴关系、分享领导力、授权、全球思维、欣赏多样性、技术悟性、客户满意度、保持竞争优势、个人掌控、预期机会（Goldsmith 等，2003）
Kets de Vries, Vrignaud 和 Florent-Treacy	开发一个 360 度反馈测量工具	与高管进行半结构化访谈	十二维度/心理动力特性：想象、授权、激励、设计、奖励、团队建设、外部导向、全球思维定势、韧性、情商、生活平衡、抗压能力（Kets de Vries 等，2004）
Chhokar, Brodbeck, 和 House；House, Hanges, Javidan, Dorfman 和 Gupta	全球领导力和组织行为有效性项目（GLOBE 项目）	共收录 62 个社会文化下，951 个组织中 17300 位中层经理；在后续阶段中完成对 1000 位 CEO 的研究	该项目得出了包含 6 个维度的内隐领导理论（ILT）以及 22 个能力要素，即魅力或价值基础（远见、鼓舞人心、自我牺牲、完整、决定、运营导向）、团队导向的（协作导向、团结、对外交往、恶意、行政能力）、自我保护（自我中心、好奇、内心、好胜、好面子、官僚）、参与（独裁、不身体力行）、人本导向（谦和、人道的）、自主（自主）并以此为基础制定了 ILT 测量表（Chhokar 等，2007；House 等，2004）

　　Bird 和 Osland 在 2004 年提出了全球领导力金字塔模型，2008 年由 Osland 进行了完善。金字塔的基础为个人特质，包含个体特点、内在素质、个体具备的可能获得某种技能的天分；金字塔的中间层是知识和技能，包含有形的和无形的两个方面；金字塔的顶端是可以被发现和测量的具体行为（Osland，2008）（见图 2-8）。

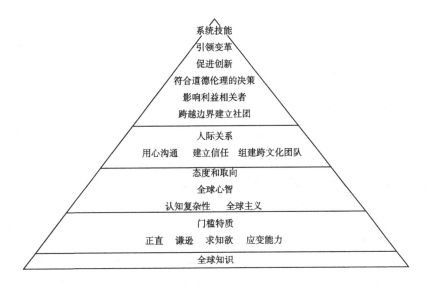

图 2-8　Osland 的全球领导力金字塔模型

　　有的学者不赞同这种层次性的划分方式，如 Bird 等对全球领导力以及外派理论进行了深入的文献研究，认为全球领导力所涉及跨文化能力的内容广泛，但可以通过三个维度有效地组织起来，即认知/知觉、他人/关系、自我/自我效能。为了清晰起见，这三个维度后来被分别命名为认知管理、关系管理和自我管理维度。同时，根据实证研究在文献中出现的一致性、影响人际交往过程以及影响动态能力的生成性这三个标准，选取了 17 个特征作为全球领导力的能力要素（Bird 等，2010）（见表 2-9）。

表 2-9　Bird 等的全球领导力的能力要素

认知管理	关系管理	自我管理
Nonjudgmental 非判断性	Relationship interest 关系兴趣	Optimism 乐观
Inquisitiveness 求知欲	Interpersonal engagement 人际交往	Self-confidence 自信
Tolerance of ambiguity 容忍歧义	Emotional sensitivity 情感敏感	Self-identity 自我认同
Cosmopolitanism 全球主义	Self-awareness 自我意识	Emotional resilience 情绪弹性
Category inclusiveness 类别包容	Social interaction flexibility 社会交往灵活性	Non-stress tendency 非应激倾向
		Stress management 压力管理
		Interest flexibility 兴趣灵活

分析可见，在表 2-9 中，"认知管理"和"自我管理"的维度与全球领导力能力金字塔模型中的"门槛特质与态度和取向层"有着一定对应关系，"关系管理"与金字塔模型中的"人际关系层"对应，"自我管理"与"态度和取向"和"系统技能"有着相关性。说明这个模型分类的思路仍然沿袭了跨文化能力模型构建的思路。

全球领导力金字塔模型的构建思路与胜任力的冰山模型一脉相承，学者群体也有相似性，金字塔结构中有着层次递进的关系，强调因素上的层次递进，认为一个层次的一组要素融合作用上升可转换到更高层次。但是，这种刻意强调海外知识和技能的门槛，忽略了人在复杂环境下主动作用的能力，过分强调知识性的门槛似乎更适用于学生教育理念设计。对于管理者群体，这些门槛知识的重要性还有待实证研究的验证。此外，这种层层递进转化的关系本身，有关认知与行为之间的匹配，也有待进一步研究验证。

而以"认知管理、关系管理、自我管理"进行的要素分类体现了要素之间的动态生成过程，符合复杂环境下的能力的特点，突出了作为一个全球领导者的融合的能力特征。但这些要素是从文献综述中抽取出的，并未经由实证研究验证，未免有点过于理论化，且理论研究并没有说明类别之间的联系以及进一步的要素互动的关系，仅仅罗列了要素，并进一步在此基础上开发了测评表，信效度存疑。

前述提到，大约有 330 种不同的能力要素出现在有关跨文化能力的研究文章中，这些能力要素涵盖甚广，有不少重复和概念重合的现象。各位学者根据各自的理解使用这些能力要素来测评研究对象的全球领导力，这使全球领导力这一理论的发展过于分散，难以统一和聚焦，不利于全球领导力理论的系统化建设。本书通过文献研究发现：这些研究中的中国样本非常少。这当然和中国企业海外发展的起步晚有一定关系，换句话来讲，也可以说这方面的研究迄今仍处于西方价值观的主导之下。在预研究过程中发现，对中国企业外派管理者使用这些西方的量表进行测评，会有"不知如何回答"的茫然，也会有答非所问的矛盾。究其原因，是发展至今的全球领导力理论并未考虑领导者所处的社会文化情境，而这样的文化情境影响早已刻入领导者的血液中，管理者来到跨文化环境中时，通过情境变化和自身认知的相互作用，发生能力要素的生成或改变，并体现为全球领导力。中国企业外派管理者的全球领导力要素应有着不同于西方已有研究的结论所在，这正是本书研究的价值所在。

三　全球领导力的测量工具——要素清单

Goldsmith 等在 *Global leadership：The next generation* 一书中，基于有关战略领导力联盟的理论，修改完善了用于衡量全球领导力的工具，即未来全球领导清单：360 度反馈表（Global Leader of the Future Inventory：360-Degree Feedback Assessment）（Goldsmith 等，2003）（见表 2-10）。

表 2-10　Goldsmith 等的未来全球领导清单：360 度反馈

Thinking Globally 全球化思维
Appreciating Diversity 接纳多元
Developing Technological Savvy 发展技术领悟力
Building Partnerships 构建关系
Sharing Leadership 分享领导力
Creating a Shared Vision 创造共同愿景
Developing People 培养他人
Empowering People 给人力量

Achieving Personal Mastery 实现自我掌控
Encouraging Constructive Dialogue 鼓励建设性谈话
Demonstrates Integrity 展现诚实
Leading Change 领导变革
Anticipating Opportunities 拥抱机会
Ensuring Customer's Satisfaction 确保客户的满意度
Maintaining a Competitive Advantage 保持竞争优势

　　这个量表可以由测试者填写，也可以由同级或者下属填写，包含
15 个项目共 72 个子项目。需要注意的是，量表研究的对象是未来领导
者，并不是在岗领导者，邀请公司推举 1~2 名未来会成为 CEO 的人选
作为调查样本。这个量表主要用于未来全球领导者的选拔。

　　Michale Stevens 等开发了包含 17 个特征要素的全球领导力量表
（Global Competencies Inventory，GCI）。量表开发的理论基础为
Mendenhall 和 Oddou 的外派文化适应维度、Black 等的跨国调整模型以
及 Mendenhall 的外派调整模型（Stevens 等，2014）。之后，Chhokar 等
在全球领导力 17 个要素基础上进一步调整，最终选取了 16 个要素形成
新的 GCI 量表，和之前 17 个要素量表相比主要差别为：原来"认知管
理"维度中的最后一个要素"类别包容"调整为原来"自我管理"维
度下的"兴趣灵活"（Chhokar 等，2007）。目前为止，GCI 量表是已见
的全球领导力测量工具中应用较为广泛的要素测量工具，其 16 个要素
如表 2-11 所示。

表 2-11　全球领导力量表（GCI 量表）的 16 个要素

认知管理	关系管理	自我管理
非判断性	关系兴趣	乐观
求知欲	人际交往	自信
容忍歧义	情感敏感	自我认同
全球主义	自我意识	情绪弹性
兴趣灵活	社会交往灵活性	非应激倾向
		压力管理

在这些子项目下，根据相关性检验，筛选出 160 个子项目来作为量表的子测量要素。Allan Bird、Mark E. Mendenhall、G. Oddou、Joyce S. Osland 与 Michael Stevens 等学者联合创办的咨询公司——Kozai 公司的网站介绍，目前应用 GCI 量表进行了近 9000 个样本的测量。网站的重点是针对个人进行测量得出的报告，推荐参加公司提供的各类培训项目或者是教练式辅导课程。

为了深入了解全球领导力要素理论研究的进展，笔者参加了 Kozai 公司的在线 GCI 量表测评以及有关 GCI 在线课程认证学习，并取得了认证证书，体验了作为被试者的整个测评过程以及作为辅导者的整个测评辅导授课过程，还参加了该公司组织的全球领导力工作坊，进一步了解了测评的各个细节。

通过亲身体验并进行研究分析，笔者认为：从该公司网站介绍的样本数据来源看，量表测量对象以欧美公司为主，亚洲地区以日韩为主，日本设有这家咨询公司的分公司，这主要和创办人之一的 Allan Bird 教授是一位日本研究专家有关，Kozai 作为公司名称，本身是一个日语词语。在样本中，来自中国的样本有限，可见少量中国香港地区和台湾地区样本，而来自中国内地的企业外派管理者还未见有相关介绍。那么就面临对中国企业外派管理者考察时这 16 个要素是否都适用、如果纳入更多的中国样本是否需要进行要素调整等问题。另外前述提到基于不同文化背景的领导力要素有显著差异，即内隐领导理论（House 等，2004）。GLOBE 项目自 1991 年由 House 发起以来，吸纳了世界各国的学者参与，在样本上有着中国文化对领导力影响的体现，得出了地区间、国家间的差异所造成的地区或者国家中的组织行为以及领导力表现的差异，有望打破这两类研究间的隔离，从而得出更具说服力的理论。

总之，全球领导力的研究目前还是在西方价值观主导之下，掣肘于西方理论框架之中，而现有的全球领导力测量的理论模型无法应用于在"一带一路"倡议下走出去的中国企业外派管理者的全球领导力培养和发展，这正是本书希望探索的方向。

四 全球领导力要素间运作机制研究

全球领导力这些能力要素是如何结合发展并产生作用的呢？这就涉及能力作用机制的研究。机制研究包含成人学习发展理论、认知行为理论、全球领导力发展、组织发展以及社会学习理论等多方面综合性理论。这对学者的综合研究能力有较高的要求，目前鲜有学者涉猎这个领域，仅有 Mendenhall 等学者于 2017 年提出的全球领导力能力发展过程模型，如图 2-9 所示。

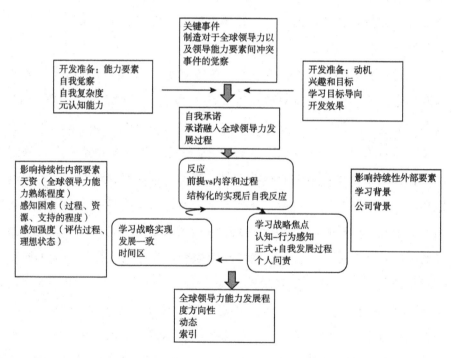

图 2-9 Mendenhall 等学者提出的全球领导力能力发展过程模型

Mendenhall 等学者认为全球领导力能力是要素在外部、内部环境的影响下生成并作用的过程机制，能力要素的形成首先始于外部关键事件的刺激，而"开发准备"项中的"能力要素"和"动机"，应该就是 Mendenhall 所提出的全球领导力的能力要素金字塔中的"门槛特质"和

"态度和取向"要素，模型中的"自我承诺"对应能力要素中的"态度"。模型中部所展示的学习战略以及认知反应过程和个体的认知特点有着紧密关系，体现了能力金字塔中的个人认知特点，模型环境背景中的内部要素体现了个体的"门槛特质"差异以及认知特点。在外部要素中还提到了"学习背景"和"公司背景"（Mendenhall 等，2017）。

模型表达了 Mendenhall 等学者在全球领导力能力要素的研究基础上，对能力要素如何在环境背景下进行调动和融合，最终形成全球领导力并发挥作用的过程。这里面有许多待验证问题，比如"自我承诺"和"反应"如何和个人特质有机联系、哪些特质在这个关键环节中产生作用等，更重要的是在外部要素中并未纳入"内隐文化背景"，这是一大缺憾。此外，其中一些概念的指向范畴并不十分明确，过于强调认知学习过程对于全球领导力形成的重要性，这或是为了与其所创办的咨询公司的业务中的各类人才培养项目相对应。

第四节　确定中国企业外派管理者成长叙事的研究思路

一　中国式管理理论构建的可能性和必要性

随着中国经济发展，不论是学术界还是企业界，都开始由更关注西方管理转向对中国本土管理实践的研究和总结。李飞和薛镭认为近年来"中国式管理"研究成为学术界关注的热点，原因在于两个方面：一是对中国传统文化的关注和重视，二是对中国经济快速发展原因的研究。他们认为"中国式管理"，即中国模式或特色的管理或是中国独特的管理方式和方法，并认为方法的形成与管理哲学有关，但绝不仅限于管理哲学（李飞、薛镭，2010）。2010 年第 11 期《管理学报》刊登了齐善鸿等近 40 位学者联合署名的文章《出路与展望：直面中国管理实践》。该文章振聋发聩地指出对于中国管理实践中的认识论和方法论的研究脱离实践的问题（齐善鸿等，2010）。徐淑英和张志学指出，发轫于欧美的管理理论并不完全适用于中国情境，西方理论在应用到中国的管理实践中时，会不断遇到难以克服的障碍，并建议学者通过归纳性的方法或者扎根理论的构建，研究他们所在情境中的实际问题（徐淑英、张志学，2005）。

杨百寅则认为中国在引进西方管理思想和概念时，如果没有一定的文化背景和哲学素养，没有对中国社会进行了解和洞察，就会产生一定的理论偏差。西方概念和理论在西方文化环境下运用得很自如，但到了中国的文化环境中，就不一定适用（杨百寅，2019）。张志学等则认为中国的管理研究应该以中国文化为基础，重点研究哲学思想对中国管理实践的影响和解释，在研究方法上要扎根中国情境进行嵌入式研究（张志学等，2016）。

杨朦晰等整理了1949~2018年管理学、应用心理学领域以"领导力"（Leadership）为主题发表在Web of Science数据库国际顶级期刊的英文论文和中国知网数据库中国重要期刊的中文论文，绘制了中国情境下领导力研究的关键词共现知识图谱及关键词战略图。他们总结出中国情境下领导力理论发展有以下三个阶段。第一阶段是主要反映中国现实问题，重点在于领导制度研究，如"家长式领导"概念的提出。第二阶段是引进西方理论阶段，即采用在西方被视为主流的定量研究范式，在中国实际情境下，对西方理论进行检验。第三阶段是2013年至今，西方研究与中国研究逐渐趋于同步，一些新兴领导行为研究也不断受到关注。在这个时期，中国文化价值观和哲学对领导力形成的影响也受到了关注。通过文献研究，他们认为中国情境下本土领导力研究会成为未来的研究方向，研究西方维度与量表是否适用于中国情境、中国情境下领导要素组成，他们进行本土量表的开发并应用于中国管理的实践（杨朦晰等，2019）。

综上所述，在进行"中国式管理"理论构建时，应该紧密结合实践，从本土社会实践中寻找问题答案、描述和解释根本性问题，运用当地事物和概念来科学地构建理论，这不但有必要性，还有可行性。

从前述GLOBE项目中的"内隐领导理论"可见：领导特质和行为从

某种程度上讲是社会文化的反映。如图 2-10 所示，领导力影响着组织结构、文化和实践，社会文化、规范和行为影响着组织结构、文化和实践，同时组织结构、文化和实践又影响着领导特质和行为（Chhokar 等，2007）。

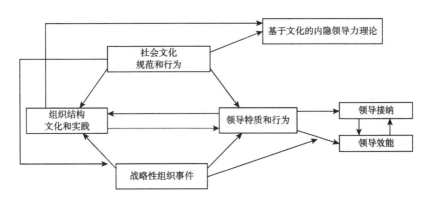

图 2-10　GLOBE 项目中社会文化与领导特质和行为作用机制

但是，"内隐领导理论"并没有包含和考虑跨文化情境下的领导特质和行为，例如在跨国经营、国际政治和经济中的经历，而这些会带来领导特质和行为的变化。战略性组织事件的变化，放到差异的经济环境，特别是文化环境中，会不会产生领导行为违背原有文化规范的事件呢？如果按图 2-10 所示的作用机制，产生的变化和行为一定会影响组织的心理氛围，给文化维度带来影响并使之发生变化，这在 GLOBE 项目中未发现进一步的研究和阐述。

本书在研究对象选取时充分考虑社会文化情境因素影响，并通过质性研究的方法在资料分析和理论构建时体现出来，增强了中国式管理理论构建的可行性。

二　如何构建中国情境下的全球领导力理论

（一）中国情境下的领导力理论

在有关中国式管理理论与中国领导力理论的实证研究中，值得一提的是自 2005 年 3 月，清华大学与国务院发展研究中心、中国企业联合会共同启动中国式企业管理科学的专题研究。该研究最终从 9 个方面总结了中国企业管理经验并形成报告。笔者从中选取与本书较为相关的综述如下。"中"是中国优秀企业家的价值观和经营哲学,"中"也是中国式管理理念的精神实质。"中"的精神源头是中国人自古以来的"天人合一""中庸和合"的宇宙观和价值观,但"中"又体现出中国人强调从实际出发,重视逻辑的严密和对变化形势的预判,反映了中国人特有的入世精神和家国情怀。中国企业家普遍认为"变"是永恒不变的,因此有着极强的危机意识,同时又有着广阔的视野。报告提出:中国领导者领导权威的形成过程更加注重企业管理者的自我修炼和德行操守;企业家在情理法之间相互协调以达到互相兼顾;企业管理者有勇于冒险、对于风险勇于担当且坚定不动摇等一系列特质;中国企业管理者有着愿景和使命,并将之作为他们重要的心理驱动因素。同时,在中国"人治"的传统文化下,企业管理者视员工为家人,在管理中给予大量关爱与信任。这些特征并不因体制不同而有差异,国有企业或民营企业的管理者在对自己企业文化进行描述的时候都较多使用"贡献""国家""社会""人类"等词语,相对应的则是"报国""奉献""服务社会""造福人类"等词语,企业的愿景和使命呈现在企业文化中。在关系上,企业管理者以"和"的方式去处理政商关系,把握分寸(中国式管理研究团队,2013)。

唐立波认为,中国式文化情境以儒家文化为主流,重视"中庸和谐"和"孔孟之道",追求的是"合理"和"和谐",偏重于"社会人(相对于经济人)"(唐立波,2018)。《领导力季刊》(*The Leadership Quarterly*)2015 年由 Richard Arvey 等编写的第 26 卷出版了《亚洲的领导力模型》特刊,其中收录了 10 篇文章,探讨亚洲文化背景下的领导现象和问题,展示了中国文化情境下领导力研究的成果。这些研究聚焦于中国社会文化情境下的"重视关系"、"恩威并施"、"以德为先"、"中庸之道"和"无为而治"等带有文化色彩特质的因素对领导力的影响(Arvey 等,2015)。

　　林姿莩等学者发现华人组织的领导者存在一种鲜明的领导风格，并将其定义为家长式领导（paternalistic leadership）。家长式领导是一种类似父权的作风，领导者在拥有强大的权威的同时，也有照顾、体谅下属的一面以及展现出高度个人操守的领导方式。家长式领导以"三元论"为概念模型，包含：威权领导、仁慈领导和德行领导。威权领导是指领导权威是唯一，要求下属服从并对下属的绩效做严格的要求，员工在这样的领导作风之下，通常表现出敬畏与顺服。仁慈领导是指领导者对下属做个别、全面而长期的关怀，因为中国人的报恩观念很强，当领导对自己关爱有加的时候，下属通常会有相应的回报。德行领导是指领导者的个人操守与修养良好，具体的行为表现有：为人不自私、公私分明，并且能以身作则。领导者能够自己先站在道德高度严于律己，这样才能做员工的表率，而员工在面对德行领导时通常表现出对领导的认同与仿效。家长式领导透过三种心理机制来促使员工与自己行动，即用德行赢得下属的认同与效法，用仁慈赢得下属的感恩与回报，用威权让下属产生敬畏而顺服（林姿莩等，2017）。他们将领导分为八种类型，也就是家长式领导的八种类型（见表2-12）。

表 2-12　家长式领导的八种类型

类型	表现
明主型	高威高仁高德
帮主型	高威高仁低德
清官型	高威低仁高德
霸主型	高威低仁低德
仁主型	低威高仁高德
溺爱型	低威高仁低德
德范型	低威低仁高德
庸主型	低威低仁低德

　　家长式领导是目前并不多见的中国本土化领导力研究，是采用贴近华人企业观察、归纳现象命题进行文化分析同时进行演绎的实证研究建

构出的华人领导理论。综上可见，笔者在研究中提到的中国情境包括文化情境、社会情境以及管理者和下属之间的互动产生的共同的组织文化和实践活动。

（二）进行中国情境下全球领导力理论构建

在全球领导力的学术刊物——*Advances in Global Leadership* 中，Osland 等对 2012~2017 年五年间的全球领导力研究进行了总结，他们认为无论在过去还是现在，全球领导力的研究都过于集中在概念性探讨和实践性应用上，实证研究缺乏，这正是全球领导力领域在顶级期刊发表文章甚少以及理论性创造不足的主要原因（Osland 等，2017）。此外，全球领导力理论在研究对象上过于集中，亟待更广泛的样本涵盖。Pooja B. Vijayakumar 等 2019 年对发表在重要刊物的 327 篇全球领导力相关文献进行统计学分析时发现，全球领导力相关文献的最大贡献者（第一作者来源国）是美国，占到近一半的比例（157 篇），他们认为这一现象使得这个概念带有明显美国化的价值观偏好，而中国在这个领域只有 7 篇重要文献，与中国巨大的对外经济体量不相符，亟须更多的实证研究来弥补这一缺陷（Vijayokumar 等，2019）。

对中国企业的外派管理者以全球领导力为核心的研究极少见到，开创性研究需要理论的构建以及适合的研究方法支持。无论是做"管理的中国理论"还是"中国的管理理论"，都鼓励学者综合运用多种研究范式展开研究，并强调质性研究和扎根理论对构建本土理论重要性。韩巍认为对于情境化问题最有效的研究方法，不是数学方法，而是历史分析，是定性研究中的深描，是对深层结构、机理的洞察、诠释和建构（韩巍，2009）。

在质性研究领域，一个非常著名的方法是 Glaser 和 Strauss（1967）提出的"扎根理论"。扎根理论旨在自下而上地建立理论，在收集资料的基础上分析经验，寻找能够反映社会现象的核心概念，分析概念之间的联系，进而建构社会理论。陈向明总结了扎根理论的研究方法，即有经验证据的支持，但更重要的是从经验事实中抽象出新的概念和思想

（陈向明，2000）。扎根理论在发展过程中形成了两大流派，各有特点，在研究中可以各采所长。以卡麦兹为首的学者强调以形式多样的备忘录进行微分析，不断推进研究（卡麦兹，2009）。Glaser 和 Strauss 为了克服质性研究停留在经验描述层面而缺乏对经验数据的归纳、抽象和理论化的现象，提供了一套严格的数据分析方法。该方法将数据分析整合到不断比较的过程中，使数据分析的过程得以聚焦而生成类属，然后评估这些类属如何在参与者的解释中得以描述，最终生成一个抽象的概念或理论。Strauss 为扎根理论设计了一套较为严密的数据分析方法论，规定了经验数据通过逐步打散、重组、归纳、精炼，如何最终形成理论的过程，目的是对饱受诟病的质性研究的科学性问题做出回应（Glaser 和 Strauss，1967）。在本书中，将上述两种学派进行整合，在编码流程上主要采用 Strauss 的三级编码方法进行数据分析。

本书是以扎根理论的研究范式对中国企业外派管理者的全球领导力能力因素进行提取、比对和确定。深度访谈是质性研究中最常见的数据收集方法，通过与受访者深入交谈，了解一类社会群体的生活经历，从而生成丰富的访谈资料。由深度访谈完成资料收集，这是扎根理论必不可缺的过程，也是最为重要的数据来源之一。本书未以行为事件访谈法来构建模型的原因在于：这种路径所构建的能力模型一般要建立绩效的标准，挑选优秀者和普通者，从而保证胜任力模型的预测作用，与公司选拔考核相联系，而本书通过对外派管理者的工作任务研究发现，外派管理者的绩效难以区别一般和优秀，不同外派管理者之间的情境差别非常大，难以衡量。本书认为外派管理者能坚持常驻某海外国家并保证该国家驻点未被撤回，就是一种成功。因此，本书在数据的处理上采用质性研究的扎根理论方法，既不去预先设定编码词典，也不去区分绩效优劣，而是充分依据大量的数据材料，挖掘最真实的能力要素。

三 中国企业外派管理者的成长启示

欧美发达国家跨国公司的外派工作是公司人力资源战略的重要组成

部分，发展较早，有完备的规划，中国企业外派工作是随着业务扩张和跨国经营的需要而展开的，有着"迫不得已"和"求生存"的一面。在调研中，无论是国企还是民企，在问到"您为什么会选择外派到海外工作？"这一问题时，大多数受访者回答为非个人意愿或者个人计划，原因多为："公司海外发展计划需要人""总部一纸调令""领导通知""海外工作有补贴，可以增加收入"等。只有一位受访者提到，外派工作是自己职业规划的一部分，希望能够在从事多年的人力资源工作后有机会去海外锻炼。同时，作为公司人力资源的专家，他对比自己国内工作和外派工作的经历发现，西方国家外派人员有比较完备的工作流程和人事系统，外派工作量化清晰，外派只是工作换了一个地方，本身的工作任务差别不大，并且外派前一般在国内也会有相应的培训，所以前后的差别并不悬殊，是有章法可循的，其结果也是在可控可期范围以内的。而中国企业外派工作的临时性和随意性比较强，对于工作任务的描述以及人财物方面的支持多是"摸着石头过河"，外派人员在国外工作的资源有限，精神支持也不足，可能导致外派失败现象，对公司的资源造成较大浪费。

中国企业的外派管理者，是处于"两眼一抹黑"状态下"误打误撞"来到一个陌生的国度，虽然是管理者的身份，但是实际情况常常是"光杆司令"，既没有下属，也没有同事，"自己拎着包"就去"打天下"，"自己去找你的同事"。外派工作任务的下达不是按照计划部署的，有的只是领导的通知，"组织安排的没办法"，带有模糊性，如"领导开始说把这个三年的项目干完就回来，没想到一干就是 17 年""没想到在海外待这么长时间，我觉得 90% 的外派人员如果告诉他在海外要待这么长时间，估计他都下不了决心出来""我刚申请了要回国，领导'忽悠'我说有个项目，让我把前期理顺就回来，我就去了，结果又干了 8 年"，有的是因为"领导当时选中的人不愿意去，觉得艰苦，大年初二初三就把我紧急叫去了，我觉得自己可以多有点收入就同意了"。外派选人的条件当然首先是懂技术；其次是外语能力，比如，

"能看懂英文图纸""正好我大学学的是俄语""英语成绩还行"等；最后是"要有市场开拓能力，能奋斗"，有的"外语一点都不行，但是觉得你可以试试看"。在有些情况下的选派条件是由于"海外某公司一直亏损，给公司造成巨大损失，想换人试试"，以及"前同事早就撑不住了，给总部打了多次报告要求换人，没人愿意去接这个烂摊子，我有了机会""第二次公司选派我就积极主动参与了，一是为了得到很好的锻炼，二是在海外收入高""公司业务要发展，自己也想长长见识，要是现在自己肯定不会选择外派了，对家庭有影响"。外派管理者心理也承受着巨大落差，比如"在中国自己公司说出去还挺有名气"，到了国外"自己的业务和发传单的没有区别，因为没有人知道你的公司""海外很苦，如果不是为了生存，谁会愿意走这条不归路呢"。只有一家被访谈的公司有比较完备的外派前的规划，甚至其成本计算可以精确到一个外派人员的年度成本，要求在市场开拓后收益能超出外派成本。该公司有外派前的各项培训以及成功的海外前辈的经验宣讲等。其他公司的外派培训主要是有关外语方面的，在业务、个人技能成长方面的培训不足导致外派管理者"两眼一抹黑"就去了海外的情况普遍存在。

综上分析，中国企业外派管理者现状为：一是外派任务的下达有临时性、偶然性，缺乏规划；二是外派人员的选拔标准不清晰；三是外派人员的个人动机不明确。

由此可见，中国企业外派管理者群体既反映中国社会现实情境，又带有自身的文化情境特点，对其的考察就显得尤为有价值和意义，而这些是西方已有研究所无法呈现的。本书将以下列问题为深度访谈的提纲，分析中国企业外派管理者的成长叙事，解析全球领导力所隐含的能力要素。

·您为什么会选择外派到海外工作？对目前外派工作情况的感受有哪些？

·外派管理工作的状态与您在国内的管理工作状态是否有差异？体现在哪些方面？

· 您认为自己与其他外派管理者相比, 有哪些突出的地方?

· 您对目前工作状态是否满意? 有哪些希望改进的地方?

· 您认为一个优秀的外派管理者应该是怎样的? 应该具备哪些能力和素质?

· 您希望能够给您提供哪些帮助或者机会? 其中哪些能帮您获得更有效的全球领导力?

第五节　本章小结

本章综述了跨文化能力相关研究, 包括全球领导力研究, 发现现有研究大都建立在西方的价值观和文化上, 无论是研究方法 (理论分析和文献综述) 还是样本对象 (以西方样本为主) 都有着局限性, 使研究结论和理论对中国外派管理者来说不具备普适性。

现有针对中国企业外派管理者的研究多将西方现有理论模型应用于中国实践, 对于跨文化能力、跨文化胜任力、跨文化管理能力、跨文化领导力等概念在研究中还存在界定不清、指定不明的情况 (见图 2-11)。

现有的全球领导力研究中, 已有概念和模型未统一, 现有理论建立在个别学者的以欧美公司为主的样本的问卷调查研究基础之上, 内隐领导理论等表明文化对领导力的影响深远, 且不会因跨文化和跨地区而与当地领导力特征融为一体。因此现有全球领导力要素理论不能完全解释中国企业外派管理者的能力要素, 需要建构一个更适合的中国式管理理论。

中国的管理理论必须根植中国大地, 自下而上地构建。我国学者应以质性研究的方法, 扎根中国企业海外发展的实践, 得出真正适用中国企业外派管理者的全球领导力理论。

本书以全球领导力为核心概念, 将其定义为在复杂多元的全球情境下, 外派管理者影响并带领组织达成愿景和目标的能力。研究采取质性研究的方法, 通过观察实践中的外派管理者在复杂的全球情境下所具备

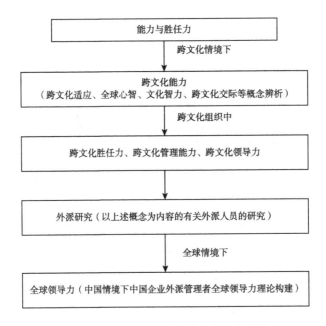

图 2-11　中国企业外派管理者研究逻辑

的能力素质来构建中国企业外派管理者的全球领导力要素，对全球领导力的考察视角是既有其潜在特征、知识和技能、动机等因素，又包含工作任务的要求、行为特征和实践体现的综合视角。研究充分考虑中国情境在全球领导力中的内隐影响，建立适用于中国企业外派管理者的全球领导力能力要素模型，以期为在"一带一路"倡议下走出国门发展的企业的人才选拔和培养提供参考。

第三章
中国企业外派管理者全球领导力研究方法

　　"人力资本"全球对话：工作的概念正在发生巨变，需要对其进行重新审视，还要反思工作的未来和人力资本的相关性。

　　　　　　　　　　——世界经济论坛 2019 年"全球化 4.0"主题之一

第一节　研究模式

　　本书通过第二章的分析得出：现有理论未穿透中国企业外派管理者样本群体，对于中国企业外派管理者的全球领导力要素研究还是一片"荒芜之地"。对于这样的理论空白，进行探索性研究尤为合适，因此本书采用质性研究中的扎根理论范式展开研究。

　　质性研究是以研究者本人为研究工具，在自然情境下采用多种资料收集方法，对社会现象进行整体性探究，主要使用归纳法分析资料和形成理论，通过与研究对象互动对其行为和意义建构获得解释性理解的一种活动（陈向明，1999）。扎根理论（Grounded Theory）作为一种质性研究的方法，其主要宗旨是在经验资料的基础上构建新概念或理论。尽管被称为"理论"，扎根理论本质上是一种研究路径，常常被归于质性研究范畴，强调对已有理论的证伪。这一理论方法受到美国实用主义的影响，强调以经验事实为基础，在具体问题情境的解决中产生方法；同时结合芝加哥社会学派所推崇的实地研究与深度访谈方法，注重从行动者角度理解社会现象（贾旭东、衡量，2016）。在开始之前，研究者心中并没有现成的理论假设，而是就实际观察入手，紧密贴合资料，并从中提取概念，经过归纳、概括、范畴化等过程，最后上升到理论（瞿海源等，2013）。扎根理论克服了一般定性研究缺乏规范的方法论支持、研究过程难以追溯和检验、得出的结论说服力不强等问题，被认为是比较适合进行理论构建的方法。

相比于其他研究方法，扎根理论方法在经验现实和理论研究之间搭建了通道，帮助研究者摆脱重重理论束缚，从而构建理论。这种理论构建方法恰好满足"中国企业外派管理者全球领导力"的研究所需，一方面，由于中国社会文化情境的影响，"中国企业外派管理者全球领导力"难以在西方价值观所主导的现有"全球领导力"研究中找到对应的理论解释；另一方面，由于缺乏本土理论，现有的本土有关外派管理者的研究大多只能援引、套用西方理论来解释中国现象，这样的方式难免产生"不对症"现象，既不能够完全解释中国企业外派管理者的能力特征，更难以使"中国企业外派管理者全球领导力"理论应用于实践。因此，构建扎根于中国本土语境的理论解释体系便极为必要，而扎根理论研究方法为这一研究设想的实现提供了一个可行的路径。

经过半个多世纪的发展，扎根理论受到许多学者的关注，并被大量应用，尽管在操作程序方面存在分歧与调整，但基本遵循原始的要义：理论必须源于经验资料，通过系统化的收集与分析方式，从经验数据中生成相关理论，并不断加以发展、检验，达到理论饱和，从而对现实进行更为完整的理论呈现（瞿海源等，2013）。而为了更好地连接经验事实与相关理论，扎根理论生成了介于宏观理论与具体化假设之间的"中层理论"，包括"实质理论"与"形式理论"两种类型，前者是对特定实质领域中具体情境的探索，后者则被定义为一个实质扎根理论的中心范畴，是基于多个实质领域中的经验资料而得出的综合含义，因而具有可转移性，这一点恰是社会学研究中很难做到的（Kvale，1996）。

在应用扎根理论进行研究前，需要对该研究路径的具体思路与要求有所了解。首先，保持开放性思想，即在研究开始前不要带有预先假设，根据经验资料而非逻辑推演形成概念编码；然而这并不意味着不能有任何思考，而是建议在得出独立结论前，避免该领域的文献阅读（Rubin 和 Robin，2005）。由于这一思路与大多数研究者的习惯相左，Glaser 建议可以将文献中得到的假设作为资料的一部分，并与其他资料相比较（Glaser，1998）。其次，资料收集、分析与理论生成三个环节要同时进行，要求研究者保持理论敏感性，在资料间的比较中，捕捉形成新理论的潜在线索。其中，在资料收集方面，要求达到类属的理论性饱和，即在分析中不断引入新的资料，直至再增加的资料无法贡献新的概念。在完成研究资料编码、类属关系构建后，形成初步假设，并生成理论（Lichtman，2006）。

本书在研究设计阶段，综合了各研究方法和工具的利弊，力求做到最大限度对实践资料的尊重，运用扎根理论研究方法进行理论构建，具体流程为：（1）在实践中发现问题，进行初步文献研究，并进行预访谈，确定研究问题；（2）数据收集与整理；（3）数据处理过程：对访谈、实地考察等原始资料进行编码，产生初步概念，不断比较，不断抽象，形成范畴，聚焦为理论性概念，探索概念和概念之间的联系，根据需要进行理论性抽样，再次进行编码，确定核心范畴是否饱和；（4）理论构建。研究过程如图 3-1 所示。

第二节　研究方法

一　取样

在取样时，研究选取了扎根理论的目的性抽样来选取深度访谈的样本，除此之外，还使用了田野工作研究中常使用的参与观察抽样来选取适合的样本。以下分而述之。

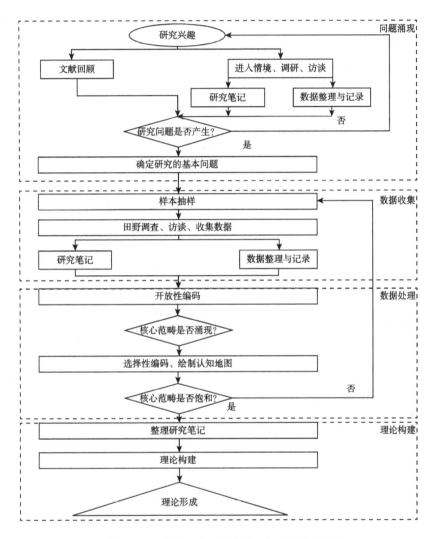

图 3-1 运用扎根理论研究方法进行理论构建流程

（一）目的性抽样

在样本的选取方面，扎根理论研究方法使用目的性抽样，这是一种非概率抽样。目的性抽样是一种让研究指导抽样资料收集过程的方法，在最开始并不设有具体的抽样框架，只要求在目标群体范围内进行抽样，继而在研究分析过程中，寻找能够为研究提供最大信息量、填补资料空白的研究对象并进行抽样。本书的目标是找到中国企业外派管理者的全球领导力要素组成，目标群体范围是中国企业海外发展的组织中可参与研究的管理者群体。Caligiuri 曾总结全球领导者十大特征：全球领导者与来自不同国家的人共事、与来自其他国家的外部客户打交道、与来自其他国家的内部客户打交道、在工作中需要使用外语、管理国际员工、站在全球角度考虑商业战略、站在全球角度做组织预算、在其他国家或与其他国家人员进行谈判、管理外国供应商或经销商、应对全球范围内的风险（Caligiuri，2006）。本书按照这些特征对标选取适合的外派管理者作为目的性抽样样本，并考虑中国海外企业的发展现状。本书目的性抽样企业及目的性抽样特征总结如表 3-1 所示。

表 3-1　目的性抽样企业及目的性抽样特征

目的性抽样企业	目的性抽样特征
央企集团 四家海外公司 两家外向型企业 某民营企业海外部门 某民营集团马来西亚公司	与属地国供应商、客户、经销商、中介、法律机构、人力资源机构、技术服务商、政府等有一定关系；工作中用到外语；国际化员工占到 40%～60%，最高 80%；全球化考虑的商业战略；预算体系是在中国公司总部指导下的；供应商和经销商有外国公司；全球角度的风险管控。管理者的能力不断发展，与中国总部的关系密切

注：目的性抽样特征总结来自笔者对访谈数据、资料以及实地调研收集数据的整理。

调研发现：中国企业外派管理者的各项能力多为"干中学"，不断发展，且与中国总部的关系密切。这些需要在研究中予以关注。本书样本选取时的标准为在海外从事管理工作 5 年以上的中国企业外派管理者，原因有三：其一，外派管理者需要一个成长期，5 年是一个比较合适并有一定的可视化成果的时间；其二，5 年是一个较长的时期，能够坚持下来的外派管理者具有一定的成功经验；其三，样本具有稳定性，便于探索一个较为成型的模式以达到研究目的。

本书的目的性抽样过程分为以下两步。第一步，在研究初期，笔者对于"全球领导力"的核心概念界定尚不明确，为了得到一些研究思路并与外派管理者建立研究联系，以"预访谈"为主题，以"方便抽样"为方法，对中国企业外派管理者样本群体进行了初步了解，对"全球领导力"概念有了初步的实践性认识，并在这个过程中，发现现有理论对中国企业外派管理者的"不对症"现象，以及"中国情境"对领导力的影响。在预访谈中，样本特征表现并不突出，以了解和接触样本群体、掌握初步信息为主，预访谈方便抽样信息如表3-2所示。

表3-2　预访谈方便抽样信息

样本编号	参访年龄（岁）	工作描述	外派经历	外派时长（年）	访谈时长（分）
a	46	某集团东南亚区域负责人	孟加拉国、巴基斯坦、中国澳门、马来西亚	11+	120
b	60	某咨询公司负责人、人力资源培训师，多次为外派管理者授课	美国、中国台湾	20+	120
c	45	某大型企业集团地区公司负责人	美国	2	120

第二步，目的性抽样。在第一步预访谈之后，对研究对象——中国企业外派管理者的群体有了一定的认识，由于样本获得的难度高，笔者通过"滚雪球"的方式，经由"外派圈内人"寻找更多的潜在研究对象。第二步的目的性抽样难度加大，访谈时间安排的比较长，但研究门槛提高，研究的独特性和创新性凸显。

本书考虑年龄因素、外派时长、地区差异、行业特征、性别、企业性质等因素对外派管理者"全球领导力"的可能影响，采用分类别广泛覆盖的目的性抽样的策略，尽量找到差异特征明显的样本，以期寻找能够为研究提供最大异质性的素材。目的性抽样样本特征如表3-3所示。从地区上来看，访谈样本多来自共建"一带一路"国家和地区中东南亚、中亚、南部非洲三个地区。从行业特征来看，企业集中在土木工程、石油开采、通信设备制造、电信等行业，这些企业的规模往往比较大，外派管理者的责权划分明确，中国公司总部对外派安排有一定的工作流程，且部分公司还给研究提供了实地调研条件，这也是本书难能可贵之处。原本设计中还包含对外国员工的访谈，但由于样本的"社会难以穿透性"（指样本获得后很难取得研究资料），一直无法得到合适的机会安排访谈，这是研究的一大缺憾和局限。

表 3-3 目的性抽样样本特征

样本编号	年龄（岁）	职位	企业性质	行业特征	外派国家/地区	外派时长（年）	总访谈时长（分）
A	46	区域负责人	国企	土木工程	孟加拉国、巴基斯坦、中国澳门、马来西亚	11+	270
B	45	区域总经理	国企	土木工程	卡塔尔、斯里兰卡、南亚区域	18+	72
C	52	区域总经理	国企	土木工程	阿联酋、菲律宾、南部非洲区域	16	120
D	45	项目总经理	国企	石油开采	阿尔及利亚、哈萨克斯坦、乍得	18+	120
E	53	外交官	国企	土木工程	缅甸、印度尼西亚、巴拿马、中国香港、牙买加、南美洲区域、南非	25+	120
F	35	合伙人	民企	土木工程	尼日利亚、阿尔及尔、乌干达、东非、北非、东南亚、马来西亚、伊朗、新加坡	12+	120
G	39	地区开拓负责人	民企	通信设备制造	墨西哥、牙买加	5	120
H	45	海外副总裁	民企	通信设备制造	意大利、缅甸等，共涉及 100 多个国家和地区	18+	120
I	41	区域公司总经理	国企	土木工程	中东、西非、英国	14+	100
J	36	部门负责人	国企	交通运输	尼日利亚、刚果民主共和国、非洲区域	13+	100
K	47	总经理	国企	石油开采	苏丹、哈萨克斯坦	12+	110

续表

样本编号	年龄（岁）	职位	企业性质	行业特征	外派国家/地区	外派时长（年）	总访谈时长（分）
L	60	总经理	国企	石油开采	土库曼斯坦、莫斯科、哈萨克斯坦	17+	110
M	43	地区开拓负责人	国企	交通运输	沙特、阿联酋、伊拉克	9	120
N	55	总经理	国企	土木工程	巴基斯坦、斯里兰卡	16	120
O	60	区域负责人	国企	土木工程	斯里兰卡、印度尼西亚、马尔代夫	25	100
P	45	人力负责人	国企	土木工程	沙特、阿联酋、印度尼西亚、马来西亚	10	100
Q	50	总经理	国企	电信	巴基斯坦、中国香港	6	45
R	50	党委书记	国企	石油开采	哈萨克斯坦	5	65
Y	45	区域总经理	国企	土木工程	东南亚地区	10+	60
Z	46	区域总经理	国企	土木工程	东南亚地区	18+	60

目的性抽样的样本饱和度体现为无新的内容出现，对理论形成不再具有贡献即视为饱和。本书在深度访谈 20 位中国企业外派管理者并取得有效访谈素材后，编码几乎无新的内容出现，理论呈现饱和，即中止资料收集，进入理论研究阶段。

（二）参与观察抽样

以参与观察为主的田野研究是人类学进行资料收集的主要方法，经由参与观察，研究者得以接触并了解被研究者的真实观点，尤其是带有文化性质的观点（陈向明，1999）。参与观察可以透过不同类型的社会或者现象，寻求更具有普遍性和真实性的解释，还可以产生比较的观点，以识别出特殊性，深入地参与观察可产生全貌观，几乎各种客观性、主观性层面的内容都能展现在研究者面前。本书的抽样目的是找到符合全球领导者特征的中国企业外派管理者，参与观察抽样对于样本的可获得性要求更高，这一直是社会学研究的难点，本书幸运地获得了 4 次海外实地参与观察的机会，参与观察抽样的样本特征描述和观察内容如表 3-4 所示。

表 3-4   参与观察抽样的样本特征描述和观察内容

样本编号	时间和地点	样本	参与观察内容
1	2014 年 8 月 南美洲牙买加金斯敦市以及项目所在各地点	海外公司负责人 人力资源部人员 公司综合办公室 人员	2 天左右的工作状态：会议、同事谈话、接听电话、布置工作任务、见客户、拜访使馆、见供应商、中介机构等 生活状态：工作餐、公司活动、体育锻炼、集体逛街购物（安全所需）等
2	2015 年 7 月 斯里兰卡科伦坡市以及项目地		
3	2015 年 12 月 南非约翰内斯堡市		
4	2018 年 4 月 马来西亚吉隆坡、关丹等项目地		

二   数据收集

扎根理论受到芝加哥社会学派的影响，将参与观察与深度访谈作为收集资料的有效手段，以期从行动者视角理解社会现象（陈向明，1999）。

（一）参与观察

本书得到珍贵的 4 次机会前往中国企业外派管理者所在国家和工作地点进行了实地参与观察，在过程中进行了诸如面对面的访谈交流、共同工作和生活的参与观察、现场实地的收集外派管理者的工作资料、体验外派管理者的生活状况等，积累了丰富的一手资料。参与观察收集的资料对于研究问题的聚焦以及与访谈对象建立信任关系有着至关重要的作用，积累的大量资料对于中国企业的外派管理者研究弥足珍贵。通过参与观察收集的各类数据情况如表 3-5 所示。

表 3-5　参与观察收集的各类数据情况

时间和地点	开展研究项目及时长	内容及参与人员	形成资料类型
2014 年 8 月南美洲牙买加金斯敦市以及项目所在各地点	参与观察 2 天实地考察 2 天座谈 1 小时	参与观察：与访谈对象一起生活、工作在外派集体驻地 7 天实地考察：中国使馆、公司办公地、项目施工地、业主座谈：与使馆参赞、公司领导、员工交流外派人才培养情况	考察报告一份备忘录一篇座谈记录一份
2015 年 7 月斯里兰卡科伦坡市以及项目地	实地考察 2 天座谈 1 小时	实地考察：公司办公地、项目施工地座谈：与公司管理者交流外派管理人员发展情况	考察报告一份座谈记录一份
2015 年 12 月南非约翰内斯堡市	实地考察 2 天座谈 3 小时	实地考察：中国使馆、公司办公地、项目施工地、业主访谈座谈：与使馆参赞、公司领导、员工交流海外企业管理工作情况、外派人才成长情况	考察报告一份备忘录一篇座谈记录一份
2018 年 4 月马来西亚吉隆坡、关丹等项目地	参与观察 2 天实地考察 4 天座谈 2 小时	参与观察：体验外派管理者工作 2 天实地考察：公司办公地、项目地、当地企业座谈：与公司人力资源部交流海外工程管理者的成长和发展情况参与中国工程院重大研究课题"'一带一路'工程科技人才培养与人文交流"的实地调研	考察报告一份备忘录一篇座谈记录一份

（二）深度访谈

访谈按照其结构化程度分为：无结构访谈、半结构访谈以及结构访谈。访谈是一场"旅行"，所经历的对话都是旅人和路人共同创造出来的；如何问、如何谈、要跟谁谈、相不相信都有着各种斟酌和考虑，故事如何发展也难以预期（瞿海源等，2013）。Kvale 将访谈分为 7 个步骤，即形成主题、设计、访谈、誊录、分析、确认、发表，并且这些步骤要来回修正（Kvale，1996）。半结构访谈是一种适合扎根理论资料收集的方法，既有助于研究聚焦初步确定的概念性问题，又有着一定的开放性与生成性，保证研究者能够收集到真正的原始数据。在访谈过程中，受访者的反应常常会超出研究者的预期而谈到一些自身关注的问题，根据事先设计的访谈结构，研究者能够将话题聚焦，同时进一步了解受访者所思、所想（Lichtman，2006）。本书采取半结构访谈，预先设置了核心问题作为访谈提纲，同时访谈过程又有一定灵活性和开放性，对于访谈时超预期的问题，笔者要进行一定程度的聚焦。但是笔者也发现，往往"闪光点"是出现在这些受访者自由发挥的叙述中，对此经过认真记录和分析，会有意外的收获。最后对半结构访谈资料进行整理分析，在受访者的行动经验以及意义阐述中提取出概念。

半结构访谈研究的核心是提出有效的问题，问题表达的方式，问题的内容、措辞，问题的顺序与类型都是笔者事先有所计划和设计的。本书访谈提纲如表 3-6 所示，附录中展示的访谈提纲是在访谈预约时提供给样本对象的。

表 3-6　访谈提纲

访谈主题	问题
行为经验	典型事件描述
抛出概念	您认为一个优秀的外派管理者应该是怎样的？应该具备哪些能力和素质？
经验与概念联结	外派管理工作的状态与您在国内的管理者工作状态是否有差异？体现在哪些方面？ 您与目前您所遇到的同行业来自其他国家的外派管理者相比是否有差异？体现在哪些方面？ 您认为自己与其他外派管理者相比，有哪些突出的地方？
意见阐释	您为什么会选择外派到海外工作？对目前外派工作情况的感受有哪些？ 您对目前工作状态是否满意？有哪些希望改进的地方？

为了保证中国企业外派管理者样本的有效性并和被访对象建立信任关系，本书通过电话、邮件、微信视频或面对面沟通等方式向每一位访谈候选对象简要介绍研究问题，说明参与的要求并提出邀请、签写知情同意书（访谈）（见附录 B）。在每一位访谈候选对象充分理解了本书的研究意图并同意加入后，才成为正式的访谈对象。所有访谈录音逐字转录，同时坚持撰写备忘录。受访者通过访谈对自己日常的工作和生活状态进行回顾，并对各种体验进行自我说明与意义建构。而笔者在这个过程中寻找研究相关概念，并将其构建成有意义的结

论。这是一个交互的研究过程，不少受访者也在重新审视自己的外派管理工作和自身后得出新的自我认识。

三　数据分析

"编码"是扎根理论研究中一个重要的数据分析操作过程，连接了收集资料与构建理论。这是一个诠释资料的过程，通过实地考察、内容分析与深度访谈、文献研究得到的资料都在编码过程里不断交错、互相融入、向上攀升，直到理论出现为止。

Glaser 和 Strauss 对扎根理论的应用和发展做出极大贡献，Strauss 更加强调程序化，他的研究能够为初学者提供更多技术性指导。卡麦兹代表的建构主义扎根理论则是另一个流派，为扎根理论的演进提供了新的视角。他们的分歧集中体现在编码上，卡麦兹不赞成逐行编码，认为：编码意味着对数据片段用一个简短的名称进行归类，同时也对数据进行选择、区别和分类，并由此开始对其进行分析性说明。逐行编码似乎是一种专断行为，因为并非每一行都包含完整的句子，也不是每个句子都重要（卡麦兹，2009）。Glaser 认为逐行编码产生了对事件过度概念化的趋势，产生了太多的类属，而无法产生一个分析（Glaser，1998）。

本书不过多纠结程序化或者具体分级的要求，编码层级自然地可以根据笔者的研究习惯和对资料的理解以及资料特性进行调整。在数据分析时本书采用三级编码。一级编码即初级编码，也被称为开放编码，在适当悬置前设的基础上，对研究资料进行初步筛选与比较分析，由此形成初步的概念标签，初级编码过程就是贴标签的过程，标签和数据之间的关系非常接近，展现出行动，接近于客观世界。初级编码的方法包括逐词编码、逐行编码、逐个事件编码。本书的初级编码在逐行编码的基础上，尽量完整地呈现一个意思、过程或者事件。既避免了逐行编码的分散，又能不遗漏信息。同时在编码的整个过程中不断分析比较、调整编码，这使得后面的访谈能够结合前面的分析，编码过程也会越来越顺畅。

二级编码即聚焦编码，在前者基础上梳理概念类属、属性与维度，以各个类属为轴心，寻找相关关系，一般会进行归类。聚焦编码的目的在于达到理论的完成，解释围绕一个中心范畴所概念化的行为模式中的最大变异范围。

三级编码即理论编码，从已有类属中选择最关键的类属，该类属具有"提纲挈领"的作用，能够最大限度地与其他类属相关联，并作为建构理论的核心（Glaser，1998）。

三级编码的方法因其程序化的操作方式为研究者提供了明确的指导，是本书采用的主要编码方式。以本书结论中的要素之一"关系性管理"为例展现编码过程，如表 3-7 所示。

表 3-7　关系性管理的三级编码过程

一级：开放编码	二级：聚焦编码			三级：理论编码
B22：海外的管理者是一个家长，管员工的生活、家庭、思想、安全 B39：回到工作地和回到的感觉一样 C13：把下属当作兄弟，自己是领导也是父母，管好他们，对他们的成长负责任。这也是责任感的一部分 C31：海外是大家庭，自己是家长，都是自己的责任 C32：在国外更像是当家长，是带着弟兄们冲锋陷阵	海外工作和生活一体化 自己是家长、兄长 下属是家人、亲属、兄弟姐妹、战友关系融洽	空间：家的空间 角色定位：家长、兄长 下属定位：兄弟姐妹、家人	情义性关系管理：表现为对家人、朋友、同志应有的感情和义理	关系性管理：组织内情义性关系管理，组织外情谊性关系管理
E33：海外工作的同事工作上是领导，生活上是兄弟，要有宽松包容的气氛。自己要做老大哥，常常聚在一起 F11：海外工作的伙伴就像战友、兄弟，关系非常好 H29：自己责任重大，现场要保障大家的工作和生活，压力非常大。自己是个大家长，要考虑工作和业务、大家的身体和生活				

一级：开放编码	二级：聚焦编码		三级：理论编码
I31：海外组织的办公室文化少，倡导交心的直接的沟通，这是适合海外集体生活的方式 I42：另一公司的同事在袭击后产生的很多诉求和现实不匹配，心里不平衡，自己把他捞回来了 O22：每天都在考虑大家的福利待遇，海外大家都是战友、兄弟、家人，在海外多年付出很多，这是公司的财富 P12：在海外工作生活在一起，像一个大家庭，把工作伙伴当作自己的家人，更加包容和宽容了 Z18：海外工作和家庭生活一样，相互宽容理解	负责生活、身体健康、工作晋升、安全情感付出：宽松包容回报：业绩成就、职位胜任、晋升	角色内容：家人间责任朋友间责任关系情感：感情付出	情义性关系管理：表现为对家人、朋友、同志应有的感情和义理	关系性管理：组织内情义性关系管理，组织外情谊性关系管理
L12：管理中外方员工的生活。每个项目都有所突破。管理有声有色，给公司创造了效益。没有辜负领导的期望 M28：放心交给他 C15：下属的晋升是成长的一个重要体现		关系中的期待与满足：有所回报，感到满足	
H36：收获良好团队关系和客户关系。重视和工作伙伴的关系 H25：在尼泊尔，自己为公司培养了一支当地的队伍，改善了他们的生活，改变了他们家庭的命运，并成为伙伴，让自己很难忘，一起聚会由衷的高兴 I：交朋友才能走天下 M7：一开始主要是跑人脉、熟悉地点。交朋友，交各种各样的朋友，了解世界各地在那里工作的人 M9：把各种朋友发展成自己生意的资源	海外工作开展中发展朋友关系对象：各种各样，包括竞争对手角度：朋友是资源	空间特点：海外资源缺乏关系形式：交朋友	情义性关系管理：相互关心爱护，而非竞争性、侵略性	

一级：开放编码	二级：聚焦编码		三级：理论编码
M11：把竞争对手都发展成合作伙伴，在国外都是合作伙伴 M20：吃亏是福的信条。和外国伙伴交往觉得自己不带侵略性，为自己赢得好人缘 M21：重视合作，帮助别人，哪怕当时吃亏，不带侵略性和压迫感地和当地人交往，感化对方而非命令对方 M22：认可当地的文化和价值，认可对方的企业，吸引和自己有共同理念的人做生意伙伴，把对手变成朋友。重视关系的长效	方式：吃亏是福，无侵略性，合作 理念：相互尊重和认可	关系情感：交心、尊重	

对原始资料进行质性研究并建立了编码表后，下一步是对这些原始资料进行分析，采取的分析方法主要有类属分析、情境分析和解释性分析等，同时要撰写备忘录（Glaser 和 Strauss，1967）。备忘录是数据收集和书稿写作的关键中间步骤，贯穿研究始终。

不断比较的方法是扎根理论提出的一项独特数据分析方法，强调对数据和数据、数据和类属、类属和类属、类属和概念的归纳过程，产生更加抽象的概念、理论和类属。本书在数据分析中在事件、编码、概念之间进行不断比较，最终生成理论。

第三节　研究效度与伦理

一　研究效度

质性研究同样要求研究质量与可信度。最重要的是避免研究者的偏见，本书主要通过以下三个策略提高研究效度。

（1）资料收集过程中注重样本的异质性，从而不断打破研究者的固化预期，准确呈现样本的真实状态。访谈结束后，迅速对访谈内容进行整理、归纳，将核心观点反馈给受访者，让受访者确认呈现是否准确。

（2）对编码过程进行三角互证。将整个研究过程中运用的不同资料收集方法、资料来源、研究对象或理论观念进行相互验证。除了收集访谈资料之外，本书还收集了各被访公司网站上的相关信息、公司内部刊物、公司微信公众号内容等。通过这些资料进一步验证结论的有效性，并反复验证是否会出现新范畴，通过这样的三角互证提升资料的可靠程度。通过直接引用受访者的个人陈述，可以更好地体会其经验与意义，在一定程度上减少笔者主观因素干扰。表 3-8 列出了用于三角互证的不同来源的资料，在资料和访谈备忘录间进行相互的验证，考察互相印证的程度，保证研究的方向正确。

表 3-8　用于三角互证的不同来源的资料

数据类型	涉及主题	字数
相关书籍	公司介绍、内刊、受访者撰写的书籍和文字资料等	约 10 万字
微信公众号	公司相关新闻、人物专访等	约 5 万字
访谈备忘录	数据收集、编码、分析	约 2 万字

（3）对编码过程进行三方验证，请第三方对访谈过程进行编码，将其他研究者的编码与本书的结果进行比较得出结果并讨论，进行验证。三方验证结果如表 3-9 所示。

表 3-9　三方验证结果

专家简介	验证结论	改进建议
专家一：大型公司人力资源负责人，长期从事人员选派工作	编码具有 95% 以上重合度，符合三方验证标准	样本背景对研究结果的影响
专家二：领导力学者，曾有外派经验，长期从事领导力相关研究和教学工作	编码具有 98% 以上重合度，符合三方验证标准	要素描述的学术规范
专家三：扎根理论研究者，以扎根理论研究方法发表论文多篇	编码具有 95% 以上重合度，符合三方验证标准	扎根理论研究方法建议

二 研究伦理

研究伦理是任何研究过程都必须考虑的，本书的伦理考虑主要有以下三个方面。

（1）知情同意。本书通过电话、邮件、微信视频或面对面沟通方式向每一位访谈候选对象简要介绍研究问题，说明参与的要求并提出邀请，签写知情同意书（访谈）（见附录B）。在每一位访谈候选对象充分理解了本书的研究意图并同意加入后，才成为正式的访谈对象。此外，深度访谈数据收集过程涉及访谈录音时征求了受访者的同意，在获得知情同意的前提下进行。

（2）保护受访者不受心理伤害。外派管理者的个人陈述中有提到比较私人的问题以及曾经遇到过的重大危机。需特别注意对受访者的尊重和研究进程的把握，必要时可以将访谈暂停，避免访谈给受访者造成不良的心理影响。

（3）对隐私的保密。笔者采用匿名或保密的形式保护受访者的隐私。本书承诺对受访者提供的不愿公开的相关信息加以严格保密，并尊重受访者的隐私习惯。

第四章
中国企业外派管理者的全球领导力能力要素

> 2030 年可持续发展议程是我们的路线图，是实现公平全球化
> 的手段。
>
> ——联合国秘书长古特雷斯

由于已有全球领导力相关研究存在样本以西方国家为主，未考虑中国情境影响且研究界定不明确等问题，因此在呈现全球领导力要素研究结论之前，此处重点将本书的"情境"做进一步说明。

第一，外部情境。外派管理者面临的全球情境有着"高度复杂性、依赖性、模糊性、多元化、变动性和流动性"的特点，具体内容有：跨文化、跨自然、跨地域、跨政治、跨经济、跨技术等方面。比如，受到政治、经济、社会的影响，海外工作任务变化难以预料（受访者 Q）、工作结果受到多因素的影响，难以预计（受访者 N）；海外的工作任务非单一性，海外的团队组建来源多样，海外的决策考虑变量多等（受访者 L）；海外工作内容难以确切地描述（受访者 B）；外派管理者所面临的工作任务、海外社会关系、资源都呈现多元化的特点（受访者 O）。从这些编码来看，中国企业外派管理者所面临的全球情境的维度与既有研究情境大致一致，但是在内容上有显著不同。

其一，跨技术方面，西方发达国家是技术领域的控制方，中国是技术跟进方，如自己在海外的这一段时间见证了中国技术从无到有的演进

历程，感觉充实和有价值（受访者 G）。中国一流工程师才去海外，收入高，因公出国，能锻炼自己的能力（受访者 N）。在海外激发了潜能，学习了技术。从外行人成为懂行人，觉得自己有潜能成为外派人（受访者 O）。去海外之前，专业市场由海外公司垄断，没有中国的队伍（受访者 K）。最尖端的技术一直是被发达国家的公司垄断，和他们的工程师合作弥补了我们一些技术上的短板（受访者 K）。由此可见，技术差异造成外派管理者面临较大的竞争环境差异。

其二，与西方发达国家相比，中国是海外市场的后进入者，面临残酷的竞争环境。比如，"没有资源，积极想办法接近高端欧洲客户，争取市场"（受访者 G）；"行业由西方公司垄断，希望为国家引进先进技术"（受访者 K）；"自己经历了中国刚走出海外被瞧不起的情况，和西方发达国家竞争，开始被对方看不起，现在终于干成了"（受访者 L）；"自己的竞争对象是西方最强的石油公司，能力强技术强，很多政府官员都是该公司前雇员，是专业级的残酷竞争"（受访者 M）；"那时候人家在西方发达国家公司的会议上根本不提我们，中亚地区根本看不起中国公司"（受访者 N）；"在国外市场，中国公司地位低，打逆风球，阻力很大，大部分为外方团队、新队员，市场份额小，员工无士气"（受访者 Q）。

由此可见，中国企业外派管理者所面临的全球情境的维度与西方一致，但是在情境内容上由于企业海外发展的历史和社会背景差异，作为海外市场的后进入者，在技术劣势和市场压力上与西方外派管理者面临的全球情境迥异。此外，外派工作的安排也有着较大差异，体现在西方企业在外派流程、系统方面要更加完善高效，这些也给外派管理者的全球情境带来影响。

第二，内部情境。中国企业外派管理者全球领导力要素的内部情境为"中国情境"。比如，国内和国外最主要的差异是文化的差异（受访者 B）。在西方文化中他们认为外派只是换一个地方工作，但对于中国人或其他东方人来说更多的是顺应组织的要求、执行组织命令（受访者 M）。海外对职业职责要求高，要国际化、要非常敬业、有团队精神来共同面对不确定性（受访者 P）。

中国企业外派管理者的全球领导力受到中国情境影响，有着不同于西方的特点。受到中国情境的影响，中国企业外派管理者在海外管理实践中有着自身的能力特点和特色，而要体现中国情境对全球领导力要素的影响、体现中西方全球领导力要素之不同，要通过忠实的记录，让细微之处涌现，发现具有现实意义的新事实，这是一项艰巨的工作任务。中国情境所体现的中国企业外派管理者的能力要素差别的对比将在接下来的要素研究中详述。

中国企业外派管理者的内外情境如图 4-1 所示。

图 4-1　中国企业外派管理者的内外情境

本书以扎根理论为主要研究方法，研究过程尽可能避免"先入为主"的概念预设，以保证理论生成的创新性。本书在概念聚合并初步涌现后，对编码形成的要素概念根据分析需要进行了更深入的理论综述，并在要素分析的部分呈现，以期待更真实地再现扎根理论研究方法的逻辑顺序，还原本书的研究思路。

本章展示了基于扎根理论研究方法提取的中国外派企业管理者全球领导力的构成要素以及要素释义，下面一一陈述之。

第一节　情怀驱动

情怀驱动是指中国企业外派管理者以特有的使命和价值观驱动完成外派管理任务。

受访者 A 认为自己"对于组织给的任务，愿意去付出，有共产主义的理想""对于工作和付出是因为内心有着情怀，做奉献讲付出，也有彷徨的时候，但是还是有情怀"。受访者 I 谈到："没有大我，何谈小我，这就是共产主义信仰。"

"情怀"一词带有强烈的中国文化特点，辞海（第七版）的释义为：心境、心情。一是古汉语动宾词语的倒装词。情怀即"怀情"，其中，"怀"有"怀有""拥有"之意。二是偏正词组。情怀即"情之怀"，其中的"怀"有"心胸""胸怀"之意。一作心情、心境之解，如孤独的情怀（例如，杜甫《北征》中：老夫情怀恶，呕泄卧数日）；二作胸怀之解，如高尚情怀。

情怀驱动中的情怀是以"家国天下、命运共同"为内容的反映中国文化特点的，亦是中国企业外派管理者独特的思想体悟和驱动力。以下分而述之。

一　家国情怀的驱动

"家国情怀"是中国人所特有的文化思想和感悟。与西方社会以个人为中心的文化不同，中国社会是以家庭为中心的文化，并由此衍生出中国人的思维方式和生活方式。"舍己为家""保家卫国"等中国的常用词语，表达了中国人家国同构的社会传统；"修身、齐家、治国、平天下"等中华传统文化的表述，反映出个人追求与社会目标统一起来的中国人的儒家信念。类似表述还有"国家，国家，有国才有家"和

"国好,家才好;国糟,家也糟"。"国"和"家"在中国人的心目中是一个命运共同体,先"国"和后"家"一起构成了中国人的"家国情怀"。"家国情怀"是中国人对祖国和人民所表现出来的深情大爱,展现了国家富强、人民幸福的理想追求。家国情怀表达了中国人对国家一种高度认同感、归属感、责任感和使命感,是中国人心中一种深层次的文化心理密码(张维为,2013)。

外派管理者的情怀首先体现为"家国情怀":身处海外,外派管理者深知"没有公司和祖国这个大家,何谈小家"(受访者 I);外派管理者把企业的事业当作自己毕生追求,"感恩公司给自己这个平台,希望一直干到退休"(受访者 K);以情怀驱动自己行动,"海外工作需要讲情怀,一个是刚毕业时,一个是职业发展到一定阶段要担更大责任时"(受访者 A)。"家国情怀"反映了外派管理者不懈的理想追求,是外派管理者心中的梦想和追求,促使他们克服困难,完成海外工作。

外派管理者的"家国情怀"还体现在为公司这个"小家",为国家这个"大家",为了这两个"大我",忘记甚至牺牲自己这个"小我"。外派管理者奉献自我于海外工作中,几乎所有受访者都有为事业发展放弃了自己"小我"的事例。比如,"放弃自己的休息时间,舍弃了自己'小家'团聚的幸福"(受访者 H),"作为负责人,为了值守海外现场,自己常常一年半载无法回国回家,把回国机会都留给了同事"(受访者 L)。自 2020 年初新冠疫情全球肆虐以来,受访外派管理者大多"一年多没离开海外现场"(受访者 A),每位外派管理者都有因为身处海外而错过"家庭团聚"(受访者 I)、"孩子出生"(受访者 G)、"重要亲人离世"(受访者 P)等重要的家庭事件的经历,给自己留下了终生的遗憾。但是,正是这份浓厚的"家国情怀",外派管理者才能"为企业守好海外这块田"(受访者 I),"为国家维护形象和争取利益"(受访者 H),"自己是中国人的形象常常感觉很荣耀"(受访者 I),"并没有什么遗憾的,家人也能理解自己实在走不开"(受访者 Q)。

外派管理者的"家国情怀"还表现为一种为祖国发展奉献的情怀。

中国正走在大国崛起之路上，正努力实现民族复兴之梦。受访者 K 认为，"正是为祖国引进海外先进技术，为了在更高技术水平的竞技场上参与国际竞争，不被西方控制住关键技术，填补祖国技术空白，能够贡献一份力量的使命驱动自己"。受访者 L 认为，"中国在关键技术上和西方发达国家竞争，开始被对方看不起。现在终于干成了。自己愿意为此付出"。正是以这样的情怀为驱动，中国企业的海外发展才能克服因为技术落后而处于的竞争劣势，如"没有资源，积极想办法接近高端欧洲客户，争取市场"（受访者 G）；"自己经历了中国刚走出海外被瞧不起的过程。和西方发达国家竞争，开始被对方看不起。现在终于干成了"（受访者 L）；"自己的竞争环境是西方最强的石油公司，能力强技术强，政府官员都是该公司前雇员，是专业级的残酷竞争"（受访者 M）；"那时候人家西方发达国家公司的会议上根本不提我们，中亚地区根本看不起中国公司"（受访者 N）；"在国外市场中国公司地位低，打逆风球，阻力很大，大部分为外方团队、新队员，市场份额小，员工无士气"（受访者 Q）。这些都说明外派管理者内心有着为国家技术发展而奉献的理想。

二　"天下情怀"的驱动

外派管理者的情怀之中，还有着"天下情怀"。中国人的天下观自古有之，《诗经·小雅》中的"普天之下，莫非王土；率土之滨，莫非王臣"体现了古人对天下的诠释，天下的土地与人民为一个整体，"天下"体现了当时华夏文明相对于其他夷蛮之地的文明自信和优越感的价值凝聚，有着强烈的文化特性。"天下"包含"中国"，"中国"是"天下"的一部分，华夏民族将自己政权称为"中国"，如《史记》中提到的"舜曰：'天也'，夫而后之中国践天子位焉，是为帝舜"以及"天下名山八，而三在蛮夷，五在中国"体现了中国与天下的关系。中国传统文化的"天下主义"将世界视为一个统一的价值体系，突出了文明层面的一致性（刘春玲，2021）。外派管理者在考虑海外工作和生活时，会带入这种"天下情怀"，认为这也是自己的一份使命。比如，受访者 H 讲述的，"在尼泊尔培养了一支优秀的当地队伍，通过传授技术和给予福利待遇，改善了他们的生活质量，改变了他们家庭的命运，这些同事成为自己的伙伴，这些经历让自己很难忘并由衷地为他们高兴"。受访者 E 认为，"外派管理者要有全局意识，能够考虑到企业之外的国家层面。不考虑短期个人利益，考虑长期可持续发展"。受访者 G 认为，自己"虽然不是党员"，但"去海外代表着公司的责任和使命以及公司对全球化发展的贡献"，并认为"作为大公司的一员，当地使馆找到了你，要支持当地社会发展，就要积极响应。这是必须做到的。这是一种价值选择。因为你不光是代表这个企业，还代表着中国"。这充分体现了外派管理者将他国的事，作为天下事的一部分，认为其与自己息息相关，并自愿去承担和负责。

中国人自古有着"家事、国事、天下事，事事关心"的传承，有"先天下之忧而忧，后天下之乐而乐"的古训。毛泽东同志曾提出"中国应当对人类有较大贡献"，习近平总书记提出"共同构建人类命运共同体"（习近平，2018）的哲学思想正是中国人"天下情怀"的体现。受访者 H 还认为，"通过培养当地人才，促进了当地社会发展，创造了就业机会，完成了社会责任，自己真切地感受到人类命运共同体的意义"。除了心系天下并以此为情怀驱动，外派管理者还认为自己的事业关系到国家和民族在世界的影响和国家形象。

三　从"天下大同"到"命运共同"的理念驱动

"天下主义"与"大同"思想统一于中国人对"大同社会"的构想之中，《礼记》："大道之行也，天下为公……是故谋闭而不兴，盗窃乱贼而不作，故外户而不闭，是谓大同。"这正是关于"大同社会"的详细记载。在中华传统文化中，"天下大同"的社会主要呈现四个方面的特点。其一，"大同社会"的价值指向是"天下为公"，天下是每一位社会成员的天下，社会权力与社会财富由全体成员共享。其二，"大同社会"中的交往原则是"讲信修睦",诚信是做人之本,建设和谐的交往关系非常重要。其三,"大同社会"具有完善的社会保障制度。"矜寡孤独废疾者,皆有所养","大同社会"满足每个人的生存需求,实现每个人的生活保障。其四,"大同社会"有着人人各司其职的美好环境,最终人在社会价值的实现中展现出个人价值。总之,"天下大同"是自古以来中国人民对理想社会的向往,发展至今,体现为"人类命运共同体"的理念(张维为,2013)。

　　面对人类社会百年未有之大变局和世界格局前所未有的复杂形势,基于对中华优秀传统文化的深刻理解,习近平总书记在党的十八大正式提出了"人类命运共同体"思想,以及在国际发展中坚持"合作共赢"原则,倡导"人类命运共同体"意识,"在追求本国利益时兼顾他国合理关切,在谋求本国发展中促进各国共同发展"。"人类命运共同体"理念是中国在处理国际关系问题时所要坚持的大方向、大格局、大胸怀。2015 年 9 月 28 日,习近平主席在第 70 届联合国大会上呼吁:"世界格局正处在一个加快演变的历史性进程之中。""大道之行也,天下为公。""当今世界,各国相互依存、休戚与共。"因此我们要"携手构建合作共赢新伙伴,同心打造人类命运共同体"。此次讲话为世界人民阐释了"人类命运共同体"理念的深刻内涵,论述了发展方案(习近平,2018)。党的十九大报告指出:"各国人民同心协力,构建人类命运共同体,建设持久和平、普遍安全、共同繁荣、开放包容、清洁美丽的世界。"2018 年 3 月 11 日,"推动构建人类命运共同体"被写入了新修订的宪法序言中。此理念"正式上升为国家意志,成为新时代中国外交致力于为世界和平与发展做出更大贡献的崇高目标"。[①]

　　外派管理者是中国企业海外发展的栋梁之才,他们早已在个体成长中将"家国情怀"、"天下情怀"与"人类命运共同体"理念融合在一

---

① 《努力推动构建人类命运共同体》,求是网公众号,2018 年 10 月 15 日,https:mp. weixin. qq. com/s?_biz=MJM5NjQ1NjY4MQ= =&mid=2663497724&idx=1&sn=b7f05296630b21c79 26750d1fcc3f6a6&chksm=bdddee7a8aaa676cb11db22aa4b1a0047bfbf4d5ffbd6d5bb33d98f957c1 da8193c2b21e570a&scene=27。

起，并以此作为自己在海外发展的驱动力。他们认为"这是一种类似信仰的力量"（受访者 A），"是一个中国人在海外最艰难情况下的信心"（受访者 Y），这是他们"来海外，留海外的原因"。这种成就感的驱使能够让他们"克服常人不能想象的困难"（受访者 N），只有情怀驱动他们"才能在海外坚持下来"（受访者 P），只有情怀能让他们坚定地走下去，伴他们度过"一个又一个的海外不眠之夜"（受访者 B），进而达到在海外"有情怀的工作和生活"（受访者 P）的平衡状态。在参与观察研究过程中，笔者发现：外派管理者在海外的工作中，体现出"为世界带来美好"的愿望，他们积极承担当地的社会责任，培养当地专业人才，在国际舞台上展现了"共建、共享、共赢"的海外发展理念，他们所负责的海外项目，是积极与当地社会共同建设、共同发展的友好项目，是"人类命运共同体"理念下的可持续项目。

中国企业的海外项目目前大多是"一带一路"倡议下的。"一带一路"倡议的初衷就是希望世界各国在互利共赢的基础上不断朝着"人类命运共同体"的方向迈进。"一带一路"倡议对"人类命运共同体"的构建具有支撑作用，是"人类命运共同体"发展的基础，在"人类命运共同体"架构中充当着桥梁和中介的作用，是不同国家求同存异合作发展的纽带。"一带一路"建设需要世界各国的共同参与、共同维护，全球正在形成一个"你中有我、我中有你"的命运共同体（习近平，2018）。外派管理者在"家国情怀"和"天下情怀"的驱动下为自己的人生找到了更高的意义，在更崇高的目标驱动下，实现着"以国为重、家为轻，以民为重、我为轻，常念民之冷暖，常思国之兴衰"的情怀理想。同时，外派管理者顺应国家和平和发展的时代主题，以"人类命运共同体"理念为指导，在海外工作和生活中，体现大国担当，以"共建、共享、共赢"为宗旨，以和平与共同发展为时代主题，在国际舞台带给世界以美好的愿景。外派管理者的情怀是"家国天下、命运共同"的情怀，情怀激发了巨大的心理能量，形成了一股巨大的驱动力，情怀驱动外派管理者克服困难、迈向成功。情怀融入中国企业外派管理者的血液中，体现了中国情境对中国企业外派管理者的全球领导力要素的深刻影响，是外派管理者在复杂多元的全球情境下能够"冷静思考、迅速决策的内心定力所在"（受访者 Y）。因此"情怀驱动"是中国企业外派管理者全球领导力要素中重要的驱动性要素。

第二节　自我认识

自我认识是外派管理者认识自己并进行自我管理的能力。

面对复杂多元的全球情境，外派管理者必须通过不断反思，自我评估、评价并不断调整变化，进行自我管理，如受访者 O 认为，"海外的锻炼是全方位的，在国内根本想不到自己有这么大能量，能够战胜困难，战胜自我"，以及"海外锻炼促进自我成长"。受访者 Y 回顾了自己 18 年的外派管理生涯，认为："海外的经历对自己像一场修行，不是煎熬，是通过克服困难的行为，促使自己的思想认知改变、自己的能力得到提升的过程。"

自我认识是一个多学科的复杂概念，有必要进行概念的解析，在文献中，自我认识（self-awareness）、自我概念（self-concept）、自我认知（self-cognition）等概念交替出现，往往不做区别。

从心理学、社会学角度来看，自我认识是指个体对自己各方面的主观认识。自我概念、自我认识用于儿童、青少年个体发展的研究为多，涉及个体对自身各个特殊领域的知觉（廖凤林、车文博，2005）。Rosenberg 将自我认识作为一种现象研究，认为其是个体将自我作为客体，而产生的对自我的总体的思想和情感。（Rosenberg，1989）。

另有研究者认为自我认识是一个动态的变化过程，随着年龄和所处环境的不同而有所改变。Markus 和 Kitayama 认为一般自我认识是各种不同的自我概念中相对稳定的成分，他们在研究中认为个体当下所具有的自我概念是暂时的和不稳定的，它会随着个体对自己的认识和理解而改变（Markus 和 Kitayama，1991）。这个说法稍显复杂，Demo 在总结了这些研究的结果之后认为：一般自我概念是稳定的，而那些特殊情境下的自我形象和当下的自我概念则是可变的（Demo，1992）。认知加工心理学认为人们在社会生活中往往用不同的判断标准做行为参照，因而形成了不同的自我认知类型。经常以个体内部需要做行为参照者倾向于形成场独立型自我认知；反之，经常以他人需要和社会期望做行为参照者倾向于形成场依存型自我认知（Demo，1992）。

从马克思主义哲学的观点看，主体的自我认知活动是主体自我对作为具有价值客体属性的主体自我的认知和评价等活动，也是主体自我对客体自我的认知和评价。主体的自我认知活动与其自身的"我是什么"和"我之于我有什么意义"这个自我评价的前提基础密切关联。主体在其自我意识活动中通过自我认知和评价等反思自我的意识，使其心理思维发生机制在动态发展的过程中逐渐由自在、自发而至自觉。人无时无刻不在查问和审视他存身之所的生存状况和不断探究自身的存在，人类生活的真正价值就存在于这种对人类生活的批判态度和"反观自我"的审视中。主体自我对自我生活意义和生命价值之追问正是建立在探索主体并实现自我认知的内在心理工作机制和路径的基础之上的（张元，2013）。

在管理学角度，自我认识是管理技能开发的第一步。惠顿和卡梅伦在管理学经典教科书《管理技能开发》中指出管理者要想"管理别人先要管理自己"，有"自知之明"。他们认为对想要成功的管理者来讲，自我认识有四个重要的层面：个人价值观、认知风格、应变心态以及人际关系取向。这四个层面共同构成了自我认识的核心，是成功获得管理技巧的重要因素。个人价值观确定了一个人的是非标准，决定了什么是值得的、什么是不值得的。认知风格决定了一个人在思考和感觉时经历的过程，决定了接收的信息，还决定了信息的判断理解和反应。应变心态关系到个人的适应性、对不确定情况的容忍度以及承担责任的态度。人际关系取向即情商，是管理自己以及管理与他人关系的能力。在他们最近出版的著作中，还增加了第五个层面"核心自我评估"，这是抓住一个人各个不同方面的个性的本质（惠顿、卡梅伦，2016）。

外派管理者的自我认识是外派管理者如何看待自身，进行自我管理的过程，并在外派过程中通过自我反思、自我评估、自我评价，不断调整和改变。一方面外派管理者自我认识中有自身比较稳定的因素，能通过外派经历进一步清晰地认识到，如受访者 B 认为"要不断审视自身的竞争力，以及公司、行业的竞争优势。判断新业务发展领域的方向"，"充分认识到自身优势和能力"。有时候外派管理者可以通过外派经历发现自己的弱势，如受访者 C 说："对自己性格特点的认识是并不合群，但是擅长逻辑分析，所以并不会去主动迎合。"另一方面，外派管理者在特殊情境如遭遇危机时，会促使自身获得新的自我认识，原来的自我认识会发生变化，这些体现在外派管理工作的实践中。受访者 E 描述自己曾有长达三年的海外运营困难经历，"数次想过要放弃，认为自己不再适合外派管理者的工作"，但最终度过危机时，他总结到"海外的危机让自己成长，求发展、求生存，心态看开了"。

其一，外派管理者对自身能力的认识。通过外派经历，外派管理者认为"自身能力在外派工作中得到了全面提升"（受访者 L）；"自己在国内阶段储备的技术、语言等优势在海外平台上得到发挥和提升"（受访者 N）；"将海外工作看作自己的成长平台、把危机看作自己经历和成长的过程，并用平淡的心态去处理"（受访者 O）。

其二，外派管理者对自身情绪和心态的认识。受访者 P 认为自己"经历了海外的诸多不可控风险之后，心态更加宽广、性格更加包容，能以平常心对待危机，平和看待困难"。受访者 I 经历各种突发事件后，"心理更加强大，能够调节各种复杂的、失衡的关系"。

其三，外派管理者对自身人际关系建设的认识。这体现为"更加理性看待个人和组织的关系，认识到组织的平台给了自己展现潜能的可能"（受访者 I）。"世界观更加的广阔，开始享受海外的工作生活，将其当作自己人生的事业"（受访者 J）。"海外接触到很多人，现在的事业都是海外打下的基础，当时积累了资源、开阔了自己"（受访者 J）。

　　家庭关系是个体非常重要的人际关系，外派管理者在主观上重视家庭关系，因自己常年在外，有着"缺席家庭生活的愧疚心理"（受访者P），但"通过各种方式积极与家庭沟通，取得家庭的理解，让家人为自己的事业成功而骄傲"（受访者L）。受访者Q认为"自己选择了这样的生活道路，不后悔，增加了自己的阅历，丰富了自己，虽然家庭没照顾到，但觉得都是同样对美好生活追求，只是表达方式不一样"。

　　其四，外派管理者对自身价值观的认识。虽然海外工作环境有极大不确定性，但外派管理者能从"团队的成长"（受访者Y）、"员工的认可和信任"（受访者J）、"海外市场的成功开拓"（受访者O）、"完成一项工作任务"（受访者P）、"度过危机"（受访者L）、"个体的成长"（受访者J）、"资源的积累"（受访者K）、"做一件好事"（受访者I）、"战胜自我和个人的价值观实现"（受访者G）等方面获得个人的成就感。成就感促进了外派管理者人生意义的升华，外派管理者由此不断思考"什么事应该做，什么事不应该做"，这恰恰就是自身价值观的内涵，并将对自身价值观的认识作为行为动力，从认识走向自发进而达到自觉。

　　在西方已有全球领导力要素研究中，自我认识是指人们意识到自己在人际交往上的优势和劣势、自己的哲学和价值观、过去经历如何塑造自身、自身价值观和行为对人际关系的影响（Mendenhall等，2017）。这与本书自我认识内容的核心是基本一致的，也反映出在这个要素特征上中国企业外派管理者与西方研究结论的一致性。

　　外派管理者的自我认识是全球领导力发展的起点，充分了解自己，了解自己的独特性和复杂性，才可以更好地洞悉外界环境，当然了解外界有助于我们明晰自己。受访者Y认为，"通过在海外的自我认识，激发了对自己的反思，进而重新思考事业和人生发展，获得了海外发展的源动力"。受访者I认为"自我建设是最重要的，发现自己在历史长河中留下了痕迹"，这是"正确认识自己"是第一步，"离开平台个人也没有了"。在变化多端的海外环境中，外派管理者对自身的认识指导管理者的自我管理，对组织、对环境、对工作等各方面的思考，并成为激发行为的原动力，这是发挥全球领导力作用至关重要的第一步。与国内一般领导者的体验不同，外派管理者面临全球情境的复杂性，对外界情境的把控要从自身认识上起步，并通过更好的自我认识达到对外界复杂性的理解和掌握。

外派管理者通过自我认识，把外派工作当作自身成长、全球领导力修炼的过程，通过克服海外时常出现的无法预料的各种困难和危机，促使自我认识在历练中发生转变，激发自身积极行动，实践于外派工作中，提升自身能力，达到知行合一的平衡。自我认识给予外派管理者一种可能，那就是表面惊心动魄（环境迅速变化），但"内心平淡化之"（受访者 I）的理想外派生活工作状态，并以这个状态去影响周围的工作伙伴和利益相关者，借由自我认识而始的由意识而思考进而行动的过程，犹如外派管理者的"英雄之旅"，完成了外派管理者海外"新生"的过程。

第三节　目标导向

目标导向是外派管理者能够确认和调整目标，并以目标为导向进行管理工作安排的能力。

目标导向是在工作中以目标为导向，重在确定方向，要厘清目标是什么。受访者 B 认为"海外公司指标就是硬道理，就是成功"，受访者 C 认为"干项目就要挣钱，指标就是最主要的任务，其他的理由都没有用"，这是指经营业绩目标。受访者 I 认为"政治一定要正确，不能够唯钱是论，在海外不能只讲利益，方向要正确"，这是指政治目标。目标是需要调整的，如受访者 Z 认为"先分析清楚组织的大目标，自己根据当地情况确定微观目标。时刻清晰自己的目标，也有'将在外君命有所不受'的时刻"以及"不停地反思，不停地调整目标，思考目标是自己的习惯"。目标是需要坚持的，受访者 E 谈到自己迷茫的时候，"经历了迷茫和自我怀疑还是咬着牙坚持做下去，有机会就去跟，坚持不懈"；受访者 F 认为"专一做好一件事情，韧性，乐观"；受访者 Z 认为"海外工作最主要是三点，尤其是遇到危机的时候，那就是信心、定力和耐力，定力就是要时刻锁定目标"。

以目标为导向是外派管理者一种特别的思考方式，其依据目标进行资源的配置、工作的安排，将战略、战术与之配合，受访者 E 认为，在"谈判中，打，是争取空间的手段，不是目标，谈判要围绕目标展开，谈而不破，有进有退，掌握节奏，这是最难的，尤其在危机时刻"。目标导向是工作科学务实的方法，旨在缩小理想和现实的差距。"目标导向"是一项有着中国文化特色的战略思想，在海外工作中显得尤为重要，习近平总书记有着许多关于"目标导向"的相关论述，如在《关于〈中共中央关于制定国民经济和社会发展第十三个五年规划的建议〉的说明》中"坚持问题导向和目标导向相统一"，并进一步解释到"既从实现全面建成小康社会目标倒推，厘清到时间节点必须完成的任务，又从迫切需要解决的问题顺推，明确破解难题的途径和办法"。中国企业外派管理者在海外工作中运用了这样的方法论，将目标导向和克服困难相结合，将知与行相结合，以目标为导向指引外派管理工作进行。

外派管理者的目标导向是一种有特色的工作思路，具体体现为以下几个方面。首先，明确目标的内容，如"合同的条款"（受访者 D）、"业务经营指标"（受访者 F）、"市场开拓的成效"（受访者 P）、"谈判的顺利完成"（受访者 A）、"公司战略方向"（受访者 Y）、"企业利益的最大化体现"（受访者 L）、"个人的事业目标"（受访者 F）等，并且"在危机发生、出现重大矛盾、存在不确定因素等的情况下及时调整"（受访者 Y）。其次，外派管理者要坚持和坚守目标导向，如"一路走到黑"（受访者 E）；"坚持、坚守"（受访者 F）；"以结果为导向，抓主要矛盾，对工作有个交代，对自己也要有个交代"（受访者 Y）；"信心、定力、耐力"（受访者 Z）。最后，目标导向还体现为外派管理者自身有定力、相信问题能够解决，遇到事情能够"沉着冷静、沉住气，沉下心来做事情"（受访者 I）的工作状态。这些行为的前提在于目标明确，并能和自己遇到的困难、要面对并解决的问题相统一，实事求是地面对海外工作，以辩证的思维应对出现的各种状况，始终在复杂多元的环境中，以相对确定的目标为导向工作，这种状态是外派管理者自身的坚定基石。"目标导向"连接了"情怀驱动""自我认识"与外派管理者的具体行动，体现了中国社会哲学思想对外派管理者的深刻影响，这项能力要素在思想层面体现了中国社会文化情境对外派管理者工作哲学的影响。

第四节　外交思维

外交思维是外派管理者在工作中体现出的以公共外交思维为导向的能力。

外交思维表现在"从政治和外交的层面去思考和解决问题"、"以外交手段去解决争议"（受访者 D），以及"多年来做业务，也有政治意识，有对于国家间关系等外交方面的思维"（受访者 E）。

跨国企业参与外交是除了政府间外交以外的一种新型外交方式。国家在重视政治外交的同时，也重视公共组织，如跨国公司等，在国际关系中的作用。这里公共组织所起的外交作用就是指"公共外交"。"公共外交"是指公众态度对外交政策形成以及外交政策执行的影响。公共外交超越传统外交的国际关系领域，即超越了一般的政治外交，包括一国政府对其他国家的公众意见的引导和培养；一国私人团体和组织机构与他国相关私人团体和组织机构之间的相互影响；其他的各种民间跨文化交流的过程；等等（Byham 和 Moyer，1996）。公共外交是一种跨文化交流，是以信息和观念为内容在国家间的交流。有关公共外交的工作主体的定位，杨洁篪认为：在公共外交的工作进行中，政府进行组织和推进，企业组织等民间组织、各类学术机构、社会知名人士、社会民众活动和媒体是公共外交的主体（杨洁篪，2011）。

　　跨国企业是公共外交重要的主体，古德曼认为：因其对自己国家和所在公司乃至整个世界具有文化敏感性，跨国公司中的外派人员能够发挥公共外交的功能（Goodmon，2006）。在海外市场，中国企业往往就是中国形象的代表，当地民众视企业为"中国"的代表，企业在当地的产品生产和服务、管理理念、品牌价值、社会责任履行等，甚至个体的行为都被当地民众认为是中国形象的一部分。外派管理者作为公司的"形象代言人"，不仅影响着东道国民众对外派管理者本人、中国企业的印象和评价，也影响着他们"对中国的形象评价"（受访者 I）。

　　洪朝辉认为："'国家为体、企业为用'是企业公共外交的一贯战略。"公共外交的空间超越了东道国的物理范围，公共外交的效果和影响可以是更加广泛的（洪朝辉，2011）。这说明海外企业的公共外交对企业和祖国的影响也是不可估量的，一旦失败，绝不只是对企业经营的影响。公共外交对跨国企业来说，绝不仅是促进交易的达成，而是关乎企业组织的生存发展以及企业组织以外的巨大社会影响。

　　中国企业的外派管理者从主观意识上充分认识到公共外交的重要性，表现在："思想上不束缚，开阔思路，接受差异，求同存异，开放心态"（受访者 I），也包括"尊重属地国的风俗习惯，认可对方的文化价值，甚至视竞争对手为朋友"（受访者 K），深刻体会其"在所在国传播和推广的不仅是企业经营的形象，也代表着中国的国家形象"（受访者 J），并"积极参与到两国外交活动中"（受访者 D）。

　　公共外交的途径主要有：与当地合作企业、业主和其他相关组织寻找共同的利益基础，共同建立良好的关系，通过这些组织来积累当地的关系资源；通过公司属地员工的交往圈子和人际资源进行公司信息交流；雇用东道国社会重要人物为其进行信息沟通；加入东道国的行业协会或利益集团；与社区建立联系，通过捐赠、慈善活动、经贸交流活动等与所在的社区进行互动和交流；通过企业文化和广告等对其员工和消费者进行价值观传播来帮助企业建立良好的形象；等等（周颖，2006）。

　　外派管理者在主观意识上重视公共外交，在战略思维上具备"公共外交"思维，并运用到海外工作中，体现为："做判断决策时将企业战略放在国家战略的高度去考虑"（受访者 J），他们认为单纯"只以企业利益的角度去考虑问题，很难在海外扎根立足"（受访者 K），需要"提高到战略高度"（受访者 D）；通过"了解所在国家的政治、经济、文化、宗教习俗等方面的信息"（受访者 D），从"如何更加满足这个国家的需求和发展的角度，结合当地经济发展现状、国家间交往程度，结合外交风险的考量和两国间政治外交的高度，进行更加全局性的、宏观的、战略的、前瞻性的全生态的分析和判断"（受访者 I）。外派管理者深刻意识到自己的决策不仅仅是企业经营行为的选择，还是国家层面的交往互通，必须有高度的政治意识。在竞争战略上，也会用外交的思维，"与当地企业合作，争取更多的资源"（受访者 B），对于竞争对手也借鉴"外交手段"（受访者 D），"通过战略合作建立竞合关系，成为伙伴"（受访者 M）。另外，外派管理者非常重视政府关系，"定期和当地的政府领袖见面"（受访者 D），也会"雇用东道国的前政府官员等重要人物"（受访者 J），协助中资企业在当地开展活动。

外派管理者还作为组织的领导直接参与一些在当地开展的国家外交工作，如"在大使馆的指挥下，承担国家间交往的政治外交任务"（受访者 J）；在遇到危机时，"寻求大使出面帮忙协调遇到的运营危机"（受访者 D）。

在对南美洲牙买加的实地考察中，笔者在牙买加金斯敦机场出关时，遇到例行检查，并被暗示需要给"一些好处"，可当海关人员得知笔者是去往某中资企业时，就"态度大变"，立马放行不再继续海关检查。后来得知，这家中资企业在当地人民心目中有着可敬可靠的形象，为当地带来美好生活，代表着中国的大国形象，所以我们受到"特别优待"。通过对该企业外派管理者的深度访谈，笔者发现，该企业外派管理者"多年来做业务，有政治意识，有对于国家间关系等外交方面的思维"，"与大使馆关系融洽"，乃至笔者最后还得以有机会进入大使馆对大使和参赞进行访谈，可见企业外派管理者重视公共外交工作、具备外交思维给企业发展带来的良性结果。

对比已有有关全球领导力的理论，并未见对企业管理者外交思维的相关描述，通过前述对中国企业外派管理者的情境分析可见，作为跨国经营活动的后进入者，中国企业面临残酷的竞争，体现为："人家根本不带你玩"（受访者 K），"而要努力进入高端市场，必须和任何关系都能成为朋友"（受访者 M）。中国企业外派管理者所特有的"外交思维"则充分体现了他们面临的不仅是跨文化的，还是跨政治的、跨经济的、跨区域和跨技术的全球情境，外派管理者从外交的思维高度去看待企业经营问题这一特质，体现了外派管理者在全球情境影响下的思维变化，同时也体现了中国情境对外派管理者的影响。"家国天下，命运共同"情怀驱动外派管理者的外交思维形成，让他们跳脱出自己企业这"一亩三分地"，从国家战略、公共外交的角度去考虑海外企业的经营策略。综上，外交思维能力要素是外派管理者受到中国情境影响的全球领导力能力要素，既体现了中国企业外派管理者的独特性，又体现了全球领导力与一般领导力的不同。

外派管理者基于全球情境的认识和自我认识在"情怀驱动"下形成的公共外交思维，使其带领组织在海外开展业务的同时，起到了公共外交的作用。外交思维反映了深层次的中国情境的影响，是中国企业外派管理者所特有的全球领导力能力要素。

第五节　责任意识

责任意识是外派管理者的一种要对人、对事负责的意识。

责任是指：首先是分内应做的事；其次是特定人对某特定事项的发生、发展、变化及成果负有积极助长的义务；最后是因没有做好上述的分内的事情或者没有履行助长义务必须承担的不利后果或强制性义务。责任并非法律规定，而是一种义务，正如康德指出，责任是善良意志概念的体现，道德行为正出于责任（康德，2002）。责任的核心是回答

"我为何那样做"（韦伯，1987）。责任分为对自己、对他人、对社会和对人类的责任。康德将责任分为四类，即对自己的完全责任、对他人的完全责任、对自己的不完全责任和对他人的不完全责任（钱亚梅，2008）。皮亚杰认为责任可以分为两大类：客观责任和主观责任。客观责任通常是社会、组织或他人，通过法律方式施加义务和责任，也是道德或者约定俗成的风俗形式所施加的义务和责任，通常都要求主体必须承担；而主观责任更多的是个体自己对义务主动承担的行动和意识。习近平总书记从马克思主义哲学角度对于"责任担当"有着深刻的描述："我的执政理念，概括起来说就是：为人民服务，担当起该担当的责任。"并进一步说明"责任是信念之基，担当是力量之源"。①

在中国文化中，意识和心相联系，责任意识也是责任心，如受访者C认为"在海外，责任心是第一位的"，受访者H认为自己作为管理者"责任重大"。外派管理者从工作职位上来讲是企业在某国家或者地区的负责人，这个"责"就是责任。公司的管理是责任意识，是对领导工作责任的担当意识，"承担责任，在自己责任范围内负责"（受访者C），"面临探索新业务带来的风险，作为领导首先担当、承担责任"（受访者E），"自己是第一责任人，必要时候必须出手，自己承担"（受访者H）。一份"有所担当"的态度，受访者A认为"首先要对这份职业、事业负有责任，对这份工作有所担当，带领团队完成外派的任务"。这是外派管理者岗位赋予他们的义务和责任的体现，在职责中要求其必须承担，是客观责任的体现。

中国外派管理者的责任意识还体现在对他人（主要指下属和相关利益方）的责任意识，这种责任是主观责任，如受访者H认为"自己是个大家长，要考虑工作和业务、大家的身体和生活"。按照管理者的工作岗位责任，对下属进行岗位的安排和人力资源管理是应尽责任，但是中国企业外派管理者的责任显然超出了这个范围，不仅对工作本身负

---

① 《感悟习近平的"担当起该担当的责任"》，中国共产党新闻网，2014年2月12日，http://cpc.people.com.cn/pinglun/n/2014/0212/c241220-24339517.html。

责，而且对"同事的工作、生活、事业发展负责，要辅佐他们成长"（受访者 H），这个责任超出了工作，辐射到生活、身体健康、安全以及个人发展，这是外派管理者对下属和同事的责任。外派管理者还体现出"对员工、对委派自己工作的领导负责任"（受访者 D），要对领导交办的任务负责，认为"海外发展的机会是领导"给的，自己要"报恩"（受访者 H），"对领导的信任负责任"（受访者 E）。郑伯埙认为中国的领导力有着明显的家长式领导特征，体现在领导以"施恩"的方式进行管理（郑伯埙等，2003）。"施恩"是上级向下属的施行，"报恩"则是下属向上级的行为，外派管理者作为企业在当地的负责人，有着对下属的责任，对上级要以工作业绩作为"回报"的责任。这从另一个角度也体现了中国"集体主义"社会文化中，不只是自己完成任务，还要顾及集体、顾及上级和下级，自己除了对工作本身负责外，对他人的责任也成为行为的一大动力。责任还体现在对社会、对国家的责任，如受访者 D 认为"两国外交恢复，自己负责项目作为国家间的互交项目，责任很大"。受访者 F 认为"要对当地社会负责，不能做亏心事"。这些责任超出了普通责任的所谓"分内"之事，是外派管理者的主观责任，把"施恩"和"报恩"皆视为责任，或者说这本身就是"分内"之事，这种"分内"和"责无旁贷"是中国情境下的外派管理者的责任内涵。

责任意识是外派管理者自身主观要求，大多数时候外派管理者是要"独自去承担这份责任，勇于担当、责无旁贷"（受访者 A），而"承担责任，在自己责任范围内的自己负责，不能让下属担责任"（受访者 D），绝不能在该承担责任的时候"推脱甩锅"（受访者 D）。

责任意识反映中国社会文化情境特点的能力要素，体现在外派管理者对事（职业、事业）、对人（领导、同事、自己、当地社会等）都要负责任，主观责任包含中国人的"施恩"和"报恩"的意识，责任意识是一种对同事和下属的"施恩"，也是一种对企业、对领导、对国家的"报恩"。而在西方文化里，责任主要是客观责任，对自己做的事情负责任。

中国企业外派管理者将责任意识视为"第一位"（受访者 C），这是一种"党员的信仰"（受访者 H），并且要"坚持到底"（受访者 C）。责任意识是外派管理者行动的动力源泉，"责任心驱使自己一定要把事情处理好"（受访者 A）；责任意识是度过海外重重危机的强大心理力量支撑，"不混日子，要担责任"。这种对事负责、对人负责的理念充分体现了中国情境中的"施恩与报恩"思想，使得"责任意识"成为具有中国情境特色的全球领导力能力要素之一。

第六节　求知欲

求知欲体现了外派管理者获取知识和改变行为等主动提升素质的能力。

Kolb 认为学习就是人们试图解释在这个世界上发生的事情。通过人的思维将世界上的各类事情转化为抽象的概念，这就是知识，并在实践中能够将这些抽象的概念加以运用。他提出学习四阶段，分别是：直接经验、反思性观察、抽象概念化和积极实践（Kolb，1984）。圣吉强调个体学习注重自我超越、改善心智模式和系统思考（圣吉，1998）。

学习能力也是一种个体能力的体现，陈国权认为：个体不断获取知识并改善行为、提升素质，以在不断变化的环境中保持良好生存和健康发展，这就是个体的学习能力。他强调：学习是一种有意识的、系统的和持续的行为。个体学习的内容主要表现在知识的改变、个体行为的改变还有其他素质（如个性、能力、价值观等）的改变。学习能力强调"知"和"行"两个方面的协同改变。所谓"知行合一"才是更为完善的学习（陈国权，2008）。陈国权将对于个体学习的研究探索应用到组织中，探讨企业环境下个人学习和团队学习的问题，还研究了管理者的个体学习能力与其人格类型的关系，给予本书很好的启示。

综上可见，求知欲体现了个体对新的思想、价值观、规范、状况和行为的包容和试图理解的积极行动意愿。外派管理者"以学习心态来面对国际化的形势"（受访者 B），并在外派经历中"不断成长和学习"（受访者 H）。

外派管理者的求知欲包含两层意思，其一，求知欲是一个主动的、有意识的过程。受访者 B 认为"以学习的心态积极拥抱新业务，海外平台给个人能力发展带来广阔空间"，受访者 E 认为要"不断学习，沉下心学习"，受访者 I 认为要"不断学习去构建多维度的能力"。这些体现了外派管理者积极学习的心态，持续保持求知的欲望。其二，求知欲是一种好学精神，对事物的好奇心。受访者 Q 在经历了一场海外危机后认为"所有经历都是财富，不同场景对自己是不同的锻炼"，体现了在各种情况下，有时候甚至危机时刻都不放弃求知的欲望。

外派管理者在充分认识海外的环境特点和海外管理工作的差异的基础上，积极投入学习并提升自我，求知的内容主要包括以下两个方面。一是在实践中学习，主要依托海外工作和生活经历，"工作实践就是学习本身"（受访者 B），"工作的挑战、危机、受挫都是学习的重要内容"（受访者 D），在"干中学"（受访者 C），"在工作过程中不断反思"（受访者 E），抽象出更多的经验，并运用到海外的组织管理中，提升了自身能力，完成了学习。二是学科性知识，外派管理者还会专门争取机会学习当地语言（受访者 J）、专业知识（受访者 K）、业务知识（受访者 B）、新业务知识（受访者 E）、竞合战略（受访者 K）等，如受访者 N 边工边读完成了工程博士学位的学习，后来又去英国专门学习合约管理，他感到"收获很大，所以自己一直在学习"。

一方面是积极的知识获取，另一方面是行为的改变。求知欲有着积极的效果，使外派管理者"开阔了视野"（受访者 E）、"改善组织管理行为"（受访者 J）、"自身能力得以突破"（受访者 K）以及"能力开拓到新的维度"（受访者 Q），"从局限于业务的能力范围拓展至战略思维能力提高"（受访者 Z）。

求知欲是外派管理者在复杂多元的全球情境下，对提高知识水平和提升能力的主动性要求，是积极学习的心态，也是实践过程中"知行合一"得以实现的可能，体现了外派管理者通过"反思性观察""概念性抽象"改变自己的心智模式，不断超越自我的过程，是一种能力的体现，也正是由于这一能力要素，外派管理者的"知"与"行"完成了统一，并通过反思向更高的自我发展。此项能力要素与西方已有研究内涵相同，在西方已有的全球领导力要素中，被认为是最重要的要素（Glaser 和 Strauss，1967）。在求知欲的内容上，中国外派企业管理者更多体现出的是"在实践中自己去处理"的特点，以及面对残酷竞争（与西方相比在技术和市场上的落后差距）自身有强烈的求知欲去学习新知识、新技术的特点；而西方的外派管理者在知识资源获取上起点较高，拥有更多的国际学习的机会。这些是求知内容上的差别，在求知欲这项能力要素上，中国企业的外派管理者与西方企业的外派管理者并无差别，这是外派管理者面对全球化环境带来的挑战所共有的能力。

第七节　差异识别与差异管理

差异识别与差异管理是指外派管理者要能够认识到差异性的存在，主动识别它们，并采取相应的差异管理行为。

差异在此处是指外派管理者来到海外工作和生活所面临情境的差异。差异主要来自全球情境的复杂多元等特点，如受访者 H 认为："海外工作不一样，因为管理复杂度高、难度高，要面对很多有关国家的、客户的和公司国内总部各部门的协调。对个人能力要求高，对生活影响大。"受访者 B 在东南亚地区做了 12 年负责人，他认为"下飞机第一件事就要搞清楚这里做商业的侧重点是什么？后来经过调查发现，该地区的商务合约能够在工期要求上有商议空间，可以在资源调配上为企业争取到更大空间，提高项目的收益"。

这个过程既体现了外派管理者的主观能动性，也体现了外派管理者的一种全球化思维——深刻理解不同文化和市场的差异性和多样性，同时又能将多样性进行整合考虑。相比较而言，差异管理则是将这种主观能动性和思维模式运用于企业管理中的人、事、市场、产品等方面，表现为因人制宜、因地制宜、随机制宜等（陈玉和等，2006）。下面分述之。

一　差异识别

我们从访谈中发现，外派管理者需要深刻理解差异性的存在，主动了解差异性的具体内容，差异识别主要有以下两个方面的内容。第一个方面的内容是认识并总结海外管理工作和国内管理工作的差异，比如管理层级的差异，受访者 B 认为，"国内管理工作有层级制的特点，更多执行总部或者更高层的领导的指示，根据既定战略进行系统化管理"。相比之下"海外管理非常扁平"（受访者 G），"对于派驻在其他国家区域的下属，哪怕就一位员工，也要用规范化的管理，做好流程控制"（受访者 E）。此外，在决策上也存在差异。"国内管理更多的是执行上级决定，系统化管理"（受访者 A），但"作为海外一把手，总部的意见往往以海外意见为主"，因此外派管理者有决策的压力，而这对其"业务综合能力、开拓创造能力要求高"。相应地，管理能力要求也有所不同，"对国内管理者执行力要求高"，但"境外的领导人需要全面的思维，既要考虑国内的公司的各项决策，还要能够适应当地的特点"（受访者 N），需要有统筹的能力。差异也体现在管理工作量上，"国内工作是单一工作量，海外是复杂的生态系统"（受访者 G），管理者在海外"常常要冲到业务一线去工作"（受访者 N）。受访者 H 认为：国内管理沟通汇报的层级明确，而在国外就需要向业主、所在地国家各部门、使馆、中国的国家相关管理部门、总公司各部门等汇报、沟通，"战线"很长。从具体人力资源管理的方式来看，国内公司是一套统一的人力资源管理标准，而海外管理者需要根据情况设计差异化的人力资源管理标准，如受访者 Z 谈到"属地国的海外员工对加班不理解，对组织归属感和忠诚度相对不高，那就用目标管理的办法，要求完成任务目标，不用要求加班的办法。突然的任务安排实在需加班的给国内员工来做，用差异化管理的方式"。综上分析，将外派管理者对国内管理工作与海外管理工作的差异总结如表 4-1 所示。

表 4-1 国内管理工作与海外管理工作的差异

差异归类	国内管理特点	海外管理特点
管理层级	科层制为主	扁平化
决策需求	部分（大部分执行上级决定）	较为大量的决策需求
管理能力要求	执行力	全面统筹能力
管理工作量	工作任务明确，任务目标明确，较少直接做业务	需要建立一个生态系统，管理工作复杂程度高，随时准备到业务一线去
管理沟通	沟通层级简单明确	沟通对象多，战线长
人力资源管理	统一的人力资源管理	国内员工、海外员工两套管理机制和文化

第二个方面的内容为识别海外所属国的管理特点，即了解各个不同国家和地区的企业管理侧重点，这个和企业业务有一定的联系。受访者B认为，外派管理者一旦接受外派安排，第一件事就是"找个熟悉当地的朋友或者同事问问这个地方做事有什么特点，和其他地方相比主要差别在哪里"，不同国家的经济和社会特点、商业思维习惯的差异，直接影响外派管理者的管理模式选择，一位自称是半个当地人的外派管理者提到"非洲国家相对而言的话，对关系和利益更看重，但是像中东、东南亚这些中等发达的国家，对项目执行的标准要求比较严格，而且对合约条款按要求执行方面也会比较严格"（受访者 Y）。当面临这样的情境要求时，"海外的技术标准和合约管理是对团队业务能力的极大考验"，甚至有时候"没有研究清楚，面临巨额罚金"（受访者 J）。这时候可能就需要管理者在团队组建、管理流程设计、架构设计等方面进行相应的变革以适应当地的差异化要求。

二 差异管理

在充分认识差异化内容的基础上，外派管理者在实践中摸索出了许多具体的差异化管理技巧，虽然各不相同，但是都体现了在差异识别基础上的能动性的管理行为。

一是在人力资源管理上进行差异管理。海外的人力资源管理者更强调和重视团队合作，并且在用人制度上对中外员工根据需要进行差异化的管理。比如，"将多元化团队的建章立制作为非常重要的战略安排"（受访者E）；"将稳定人心作为人力资源管理的重要方向，重视员工安全，事无巨细安排和照料员工生活，细致安排团队的生活保障，体现国际化视野的属地化管理"（受访者M）；"在危机来临时，对中方外方员工采用不同的疏导方式"（受访者N）；"尤其重视海外团队建设，包括培养、建立制度、文化建设、放权分权，力求上下一心，对当地员工尊重的同时又有制度的要求，让他们有所敬畏，视团队为海外公司的核心竞争力"（受访者H）。

二是在市场营销管理上进行差异管理。有的企业在国内已经家喻户晓，而到海外就要面临无人问津的情况，这些都需要在充分了解当地市场特点的基础上进行差异化的市场营销管理。比如在"布点选人、机构搭建、海外客户开拓时充分研究当地特点"（受访者I）；"放低姿态去做，将海外竞争对手发展成合作伙伴，抱团出战，在海外资源稀缺情况下，尽可能争取各方面的资源"（受访者E）。

三是在企业管理模式上进行差异管理。根据海外商务发展的要求，重新调整企业管理模式。诸如"海外的工程管理、合约管理、合规管理、思维习惯等差异，影响着业务开展的模式和管理思维"（受访者N）；"将企业文化与当地文化融合，尊重当地的风俗习惯"（受访者B）；"在管理决策时考虑属地的特点"（受访者A）。

从扎根理论研究的资料汇编过程中的编码数量和频次可见，差异识别与差异管理是被外派管理者认为最重要的一项能力要素。受访者A是一位职位很高且外派经验丰富的管理者，他讲述了一个因未能充分识别并接受差异的存在，导致海外管理工作受挫，进而产生了逃避、挫败的心理，严重影响职业发展，使公司为此付出了巨大的人力和物力成本的案例，这进一步说明了中国企业外派管理者对差异识别与差异管理要素重视的缘由。

差异识别与差异管理体现了中国企业外派管理者面对复杂多元的全球情境时，对差异的自发性认识及在管理行为上的主动性。西方已有全球领导力能力要素中虽然有"容忍歧义""类别包容"等相关要素描述，但内容更偏重对差异情境的认识和接受，并未涉及管理行为上的能动表现，重点在"差异识别"上，未体现在"差异管理"之中。中国企业外派管理者对差异的态度是积极的，行动是配合且高效的，体现在具体的管理技巧中，这是东方管理思想中的"权变"思想。中国文化讲究"因地制宜、因时制宜""不拘泥"，差异识别与差异管理体现出中国情境对外派管理者的全球领导力能力要素的内涵的深刻影响，也使得差异识别与差异管理成为中国企业外派管理者中国情境下特别的能力要素。

第八节 关系性管理

关系性管理是外派管理者对外建立"兄弟姐妹"情义、对内建立"朋友"情谊的一项独特的管理能力。

关系是领导力理论"领导者、追随者、情境三元互动框架"的核心。陈晶和鲁欣怡对近 40 年来领导力概念以及领导力测量所包含的维度进行比对研究后发现，这些理论的领导力测量维度可以按照六个方面来进行归纳：愿景目标、激励员工、团队氛围、工作任务、领导者品质、组织与环境关系（陈晶、鲁欣怡，2021）。其中四个维度都反映了领导与他人、与团队、与工作任务、与环境的关系，可见"关系"在领导力中的重要地位。比如，受访者 H 一再强调"在海外你没有团队是不可能做成事情的"以及要"重视和工作伙伴的关系"，受访者 M 则认为要"把各种朋友发展成生意的资源"。

领导力理论中的"领导–成员交换（LMX）理论"描绘了在资源有

限的前提下，领导者因为个体时间和资源有限，不可能在下属间平均分配，而是与下属建立不同类型的交换关系。LMX 理论强调两大关系内容：领导与下属间的远近亲疏关系，上下级之间形成的彼此认可的、较为合理公平的交换关系（郭晓薇，2011）。郑伯埙等认为受中国情境影响，中国人具有"一开始就存有清楚的上下级关系"的特点，中国企业上下级关系更为敏感，对组织成员行为的影响也更大（郑伯埙等，2003）。他认为这和中国社会的"关系取向"和"权威取向"有关，他将中国本土文化的上下级关系概念，称为 Supervisor-Subordinate Guanxi（SSG），即"主位取向"，并将 SSG 分为三类："关系基础说"是指上下级之间基于某种共同经历或共同属性，建立了特殊的纽带；"工具交换说"是指双方为实现个人目标而建立的以工具目的为导向的人际关系；"拟似家人说"是指上下级之间虽然不是血缘的亲属关系，但却重视情义（Frese 和 Fay，2001）。SSG 理论反映出中国文化中的"关系导向"特征对领导力能力要素的影响。本书中关系性管理分为对内的"情义性关系管理"和对外的"情谊性关系管理"，以下分别述之。

一　情义性关系管理

外派管理者开拓海外市场、开展业务，会面对海外环境复杂多变、资源稀缺的情境特点。比如，"相较之于国内企业管理来说可获得的人力资源十分稀缺"（受访者 N），因此非常重视"团队的培养、磨合和稳定"（受访者 N），这是他们日常"最关心和花最多时间、精力去做的一项工作"（受访者 N）。"海外的工作和生活是一体的"（受访者 I），这种集体化的工作和生活环境，"像一个大家庭，把工作伙伴当作自己的家人，更加包容和宽容了"（受访者 P）。外派管理者定义自己的角色"是家长，都是自己的责任"（受访者 C）或者"自己要做老大哥，常常聚在一起"（受访者 E）。外派管理者"把下属当作兄弟"（受访者 C）以及"把工作伙伴当作自己的家人"（受访者 P）。

外派管理者在情义性关系管理上首先是情感上的以"情"管理，

体现在外派管理者视自己与下属的关系是"共同打拼、患难的兄弟"（受访者 C）、"兄弟姐妹"（受访者 E）、"海外战斗的战友"（受访者 F）、"亲密的伙伴"（受访者 O），因为有着一起度过"海外艰苦创业"（受访者 I）、"经历重大危机"（受访者 O）等共同的特殊时刻，他们之间有着"如家人般"（受访者 P）的特殊感情。

外派管理者在情义性关系管理上不光以"情"管理，还有"义"的成分。这个"义"是一种义务，如受访者 C 认为，"把下属当作兄弟，自己是领导也是父母，要管好他们，对他们的成长负责任。这也是责任感的一部分"。让同事"觉得跟着我混还是不错的"以及"经常和团队交心"（受访者 I），重视团队的心理变化，"关注员工的心理状况"（受访者 Z），"帮助同事解决焦虑"（受访者 E），及时采取各种干预措施帮助下属。在危机时刻，管理者视稳定团队为首要考虑，及时疏导团队的心理压力，对于流失的团队成员尽全力争取回来，认为自己有责任做到"一个都不能少"（受访者 I）。受访者 I 自述在一次出差途中和一位年轻同事共同经历了一次恐怖袭击，危机过后，担心年轻同事出现心理问题，他带着这位同事共同生活了一段时间，确保他没有心理问题才放心，为此甚至推迟了自己回国探亲的时间。他认为下属就是"在海外的亲人和兄弟"。

外派管理者的情义性关系管理的方法十分丰富，出于海外安全考虑和工作安排的需要，大多数海外的企业在属地国采取集体生活的方式，公司上下工作和生活都是集体方式，"不大主张个性化生活"（受访者 C）。笔者在牙买加某公司驻地参与观察时，亲身体验了现场驻地的工作生活，在这里外派管理者和员工一起工作和生活，就餐时围坐一个大圆桌，下班后一起娱乐、一起外出购物，总结来说就是工作时各就其位，下班后打成一片。外派管理者就像这个大家庭的家长，会留意下班后某位同事心情不大愉快、安排给飞机晚点的下属留餐等（对受访者 E 的观察记录）。笔者在南非参与观察时发现，外派管理者对每个同事的个人事项如父母生病、子女上学、就业情况都十分了解，会尽可能地利用自己的资源帮助他们解决问题，甚至还会安排十分具体的生活，比如，安排给外出同事留他们喜欢的餐食，自掏腰包买龙虾、鲍鱼改善大家的生活，等等（对受访者 C 的观察记录）。外派管理者对每个同事可谓无微不至，甚至对已经离职的下属，一直追踪他们的后续发展希望他们还能回来（对受访者 A、C 的观察记录），觉得公司培养一个海外人员很不容易要珍惜（对受访者 D、F、Y 的观察记录）。中国企业外派管理者的关系性管理主要呈现为对下级的情义性关系的特点，并未见到前述文献中提到的"工具""特殊的纽带"的特点，而是体现为对兄弟姐妹的"情义"，是负有情感的，也是负有义务的关系，因此本书将其定义为情义性关系管理。

这种情义性关系的建设也为外派管理者带来了回报，体现为："在海外管理有声有色，给公司创造了效益，没有辜负领导的期望"（受访者 L）；"在海外多年付出很多，培养的员工是公司的财富"（受访者 O）；"砥砺前行，为公司培养了队伍、开拓了市场，同事晋升，自己觉得有成就感"（受访者 E）；"收获了业绩"（受访者 Q）。外派管理者所付出的情义，下属以良好的业绩和个人成长的方式回报给了外派管理者，外派管理者获得了相应的成就感。外派管理者的情义性关系管理是管理者对组织内部以情感为纽带，对下属负有"义务的"关系性管理能力的体现。

二　情谊性关系管理

外派管理者在关系性管理上体现出朋友情谊性的特点。

"交朋友打天下，求个好人缘。"（受访者 O）受访者 M 认为，"海外的圈子并不大，出门靠朋友，要把所有的人都变为自己的朋友和合作伙伴"。他还讲述了刚开拓中东市场时，每天开着车到处转，与在当地的中外人士交朋友的经历。受访者 H 常年在海外，他很自豪自己"去过 100 多个国家和地区，结识了很多朋友"。"朋友"就是海外事业发展的一项重要资源。"朋友"包括，"企业的客户、合作各方、当地使馆等外事部门、所在国政府等"（受访者 H）；甚至和竞争对手交朋友，如受访者 M 提到，"吸引和自己有共同理念的人做生意伙伴，把对手变成朋友"；还有一类朋友是本地的合作伙伴或者本地的同事，他们在外派管理者心目中是一种对外关系，但是也十分重要，要发展成朋友，如受访者 F 认为要"充分尊重本地团队，做好和本地团队的沟通非常重要""做高端市场就一定要用本地团队，尊重本地团队意见"，受访者 H 认为要"重视和工作伙伴的关系"，受访者 Q 认为要"尊重当地员工并培养他们"。可见外派管理者在对外关系性管理中是以"尊重"为核心的朋友关系管理，这种管理使得外派管理者与当地环境形成了"朋友情谊"，如受访者 M 认为在"海外场景下，自己也是以真心待人，这个不变"，在具体做法上有"重视合作，帮助别人，哪怕当时吃亏，不带侵略性和压迫感地和当地人交往，感化对方而非命令对方"，也有"交心的直接的沟通"，最终自己"在尼泊尔培养了一支当地的队伍，改善了他们的生活水平，改变了他们家庭的命运，与他们成为伙伴"（受访者 H）。

情谊性关系管理给外派管理者带来可观回报，如"觉得有成就感"（受访者 E）；"为集团的业务拓展贡献力量，自己感到骄傲"（受访者 F）；"一起聚会由衷地高兴，要是去到尼泊尔都没人来理会你、请你吃饭，混成那样才没意思"（受访者 H）；"为自己赢得好人缘"（受访者 M）。

外派管理者对组织内以"兄弟姐妹"式的情义性关系管理、对组织外以"朋友伙伴"式的情谊性关系管理，在海外发展经营企业，构建自己和中国团队、客户、当地政府、合作伙伴、当地团队等之间的关系网络，成就事业，获得回报和满足。在西方已有全球领导力的能力要素研究中，也有类似的"关系兴趣"要素，定义为人们对其社会环境表现出的兴趣和意识的程度，表达了外派管理者对关系感兴趣与否的程度，是一种希望意愿表达，未强调行为上的人际关系发展。西方的全球领导力模型中，"关系管理"这个维度包含"关系兴趣"、"人际交往"、"情感敏感"、"自我意识"和"社会交往灵活性"这五个要素，分得比较细且多以管理者个性角度出发，与中国企业外派管理者有所不同。

综上分析，差异原因在于：中国企业外派管理者面临着与西方不同的情境特点。去海外之前，专业市场由海外公司垄断，没有中国的队伍（受访者 K）。最尖端的技术一直是被西方发达国家的公司控制，和它们的工程师合作弥补了我们一些技术上的短板（受访者 K）。为了取得进入市场的条件和获取新技术，必须和所有人交朋友（受访者 M）。

根据文化心理学的观点，西方社会呈现个人主义文化特点，重视自由、自主性、权利、自我实现及自由选择，这些反映出个人的需求和价值观。而东方社会看重集体主义，对于责任义务、尊重权威等社会规范更加重视（Demo，1992）。在中国社会文化情境中，关系是一项非常重要的社会特征，对关系的重视是中国社会的文化底色，关系中有着伦理道德的一面，在海外的外派管理者受环境和自身文化影响，有着把团队当作自己家庭中的"兄弟姐妹"的情感，并认为自己负有伦理上的义务。同样是关系管理这个要素，西方理论更强调个体的需求和自由选择以及个体情感表现上的特点、个体对自身特点的认识等。在对外关系中，西方更多的是出于生意需要形成的工作交往关系，朋友和生意伙伴是两种不同的关系，而对于中国企业外派管理者而言，这是一种复合的关系，是"融"的关系。中国企业外派管理者基于中国文化中关系的特点，使关系性管理成为外派管理者的一项具有中国情境影响的特别的全球领导力能力要素。

第九节　常态化危机管理

常态化危机管理是外派管理者在面对不确定的情境时，将危机进行常态化处理的能力。其分为日常性危机处理和突发性危机处理，其中，日常性危机处理体现为"困难克服"能力，突发性危机处理体现为"判断决策"能力。

在海外工作，危机是常态，是海外工作、生活的一部分，是日常性的，如受访者 M 表示"对待困难，觉得很正常"，受访者 J 表示"海外工作首先要能吃苦，风险随时存在"。危机是突发性的，如受访者 I 表示，"经历了一次恐怖袭击，捡回一条命"。危机是常态，所以外派管理者将危机更多地称为"苦""困难""挑战"而非直接说"危机"。比如，受访者 H 表示，"海外的苦体现在加班、生活条件差、客户要求高、安全性低"；受访者 Q 表示，"海外的困难动人心魄，包括政治、安全、疾病等"。以下对日常性危机处理和突发性危机处理分而述之。

一　日常性危机处理

日常性危机处理是指在国内企业经营环境中被视为危机的情况，在海外往往是常态化的危机或者困难，以常态化的方式、以预备好的机制去应对。受访者 F 表示，"海外工作艰苦，多次得病""转了三次飞机，中间等了两天，还没到目的地，这都很正常"；受访者 D 表示，"遇到反政府武装攻击，安全受到威胁，回去等待时机，没什么的"。

从外派管理者对日常性危机意识上的认识来讲，外派管理者将"危机视为平常"（受访者 D）；"把困难当作过程，不怕、不留退路，一路走到黑"（受访者 F）；"积极主动地激发能量，调整心态克服困难"（受访者 J）。他们认为"一个惧怕困难、逃避困难的人是无法在海外立足的"（受访者 I）。这体现出他们对海外工作的危机有心理预期、有积极处理的意愿，包括："接受突如其来的外派任务"（受访者 M）、"接受了领导对于海外工作的安排"（受访者 L）等。他们在态度上是接受的、主动去适应的、愿意的甚至是"喜爱的、有激情的"（受访者 I）、"一切皆有可能"（受访者 M）的。

克服困难是个体主动行为的意识起作用的结果，在积极心理学领域 Frese 和 Fay 提出了个人主动行为，认为由个体自我发动的工作行为，能够引发坚韧不拔、克服困难的行为特点，从而达成组织和个人目标。个人主动行为具有自发性、前瞻性和持久性三个特点（Frese 和 Fay，

2001）。Parker 等认为主动行为不仅是行为，还是一种模式。它包含积极推行想法和积极解决问题两个内容（Parker 等，2006）。因此，积极的个人行为既包含意识上的主动克服困难，也包含行为上的积极解决问题（Parker 和 Collins，2010）。在西方文化中，环境被认为是可以改变的，鼓励个人创造性地去积极解决问题，在要素表现上更强调创造性地针对问题、解决问题；而在中国文化中，环境是既定的，强调在既定条件下分析和解决问题，因此日常危机的处理更多体现为克服困难。

克服困难是中国企业外派管理者的主动行为表现。海外工作的困难是日常的，任务是艰巨的，表现为"环境恶劣，一下飞机遇到 52 度热浪"（受访者 D）；"安全风险高"（受访者 E）；"资源匮乏"（受访者 F）；"人手缺乏"（受访者 G）；"战乱风险"（受访者 D）；"政局动荡、政策不确定"（受访者 A）；时差等导致的长时间加班（受访者 Q）；"生活条件艰苦"（受访者 H）；"客户要求高"（受访者 J）；"健康频繁受损"（受访者 F）；"缺乏食物，吃了三个月西红柿"（受访者 H）；"极端天气"（受访者 D）；"思乡"（受访者 Q）；等等。可见，外派管理者所面临的困难是集中的、常态的、复杂的。受访者 D 讲述在乍得工作时常常遇到武装袭击，有一次"战争把之前的一切都损毁了，窗户和门都被卸走了，我几经辗转撤回国内，等该国家政局好了，又来现场重新开始"，虽然"仍然面临战争风险"，但觉得"领导安排我负责，就尽力去做"。后来，该外派管理者为此专门设计了危机应对的方法，研究如何撤离更快，能更好保障人身、财产安全。

从日常性危机处理行动上来讲，外派管理者将危机视为日常性工作，比如受访者 A 认为"在境外应对危机需要落实到位""在危机时执行管理制度，坚持落实到位，面面俱到的检查""将危机管理在公司中以建章立制的方式固化，身先士卒地执行"；受访者 D 认为"非洲气候条件艰苦、传染病高发，带来巨大挑战。将防蚊子措施落实、带领员工做好防疫等各项措施"，应对危机的关键在于要预防落实到位，外派管理者总是在现场第一线盯住危机管理办法的落实，在危机发生时起到榜样的作用。作为管理者，"自己要有定力，相信困难都有办法克服"
（受访者 Q）。

外派管理者从意识上视危机为常态，并激发出克服困难的主动行为
表现，将危机纳入日常性工作和生活的一部分。

二 突发性危机处理

海外突发性事件表现非常极端，是"颠覆性"的（受访者 Q）、
"危及性命"的（受访者 H）。对突发性事件的危机处理，体现出外派
管理者"判断和快速决策"的能力，如受访者 A 表示，"应对危机，管
理者要有预判能力""危机时反应快、判断准"；受访者 B 表示，"对问
题的判断能力是不同企业管理者间的差异"。

行为决策研究的主题就是人们如何进行判断与选择，通过细致描述
决策的过程，帮助人们更好地进行决策。判断是人们对事物发生的概率
等决策信息进行估计和推理的过程；选择是在之前判断的基础上，进行
具体行动的过程（Parker 和 Collins，2010）。判断和决策既有主观意识
上的推理又有行动的方案。

李纾等研究发现中国人的行为决策有着自身文化特点的体现，如集
体主义文化成员（中国）比个人主义文化成员（西方）可能更容易追
求竞争、过分自信、追求风险和欺骗（李纾等，2012）。马剑虹和何贵
宾发现中等能力的决策者不确定性评价最低，较高和较低的能力都将使
他们的不确定性评价提高（马剑虹、何贵宾，1997）。这说明文化特点
对决策者的判断决策行为有着显著影响。

判断和决策是外派管理者在海外突发事件、复杂多变的环境和形势
变化下的一项重要能力特征。为了准确判断和有效决策，外派管理者必
须"时刻保持敏感性和敏锐的洞察力，反应迅速，知道政局突变给组
织带来的影响，马上止损"（受访者 A）；"政局一变，判断是否撤离，
用演习方式尝试撤离，结果救了大家性命"（受访者 D）。判断决策的
内容除了突发事件的应对，还有业务的变化，"及时判断新业务发展方

向"（受访者 B）；"一谈就明白项目里有多少坑，准确地判断"（受访者 H）。还有突发卫生安全事件应对，受访者 A 表示，"在总部防疫要求下达之前，我们已经做好了各项防疫准备，保证工程的封闭性"。

这些突发性危机事件的决策往往是外派管理者独自做出的，如受访者 A 说："关键时刻只能自己拿主意，指望不了别人。"受访者 N 表示"方方面面都是一把手负责，一把手是海外公司核心"。这时候靠外派管理者的判断决策能力，"对当地的历史分析，以一定的洞察力和公共关系的敏锐度去看待。比如当地总理一去世，马上安排公司员工安全上的布置防控"（受访者 I）。受访者 I 讲述了在一次恐怖袭击中，自己经过考虑，果断选择留在酒店房间而不是盲目外逃，最终自己和下属"捡回一条命"，而同行的其他企业的人员因为不同选择而去世的事例。

及时的判断和果断的决策给外派管理者带来直接正向成果，"做出决策，既能完成合同要求，又能保证公司利益"（受访者 N），"满足各方需求，包括所在国、中国和企业"（受访者 E），更重要的是"救了大家的性命"（受访者 D、受访者 I）。

常态化的危机管理是中国企业外派管理者面对复杂多元的外部情境特点"不得已而为之"的本事，中国作为全球市场的新进入者，面对的"全是坑，一不小心就掉进去"（受访者 A）。"竞争对手给你使绊子"（受访者 H）。"你抢了竞争对手饭碗，人家会和你拼命"（受访者 L）。在这种情况下，常态化地去进行危机防范以及危机到来后较高的迅速处理本领，不但能救公司业务，更能救自己人的性命（受访者 K）。

危机过后，外派管理者却往往淡而化之，"常态化"和"平淡化"是中国企业外派管理者管理技能的体现，其中有着中国文化中危机观的体现，在中国文化中有着"生于忧患，死于安乐"（孟子）的思想，"忧患意识"是中华传统文化中的精华，习近平总书记在讲话中反复提到"增强忧患意识"。忧患意识就是危机意识，对于危机，重在防范，"居安思危""以平常心对待无常"。比如，受访者 I 表示，"袭击发生后不接受采访，不去谈，过去就过去了，不和组织谈功劳和要求"；受访者 M 表示，"看得见的困难不是困难，睡一觉就好了"。在 Hofstede 的文化维度理论中用"不确定性规避"这个维度来衡量不同国家和地区间的差异，中国在这项维度分值较低反映了中国人并未有执着于规避不确定性的价值观（Hofstede，1973）。

以平常心来应对危机、处理危机，苦练内功，做好判断和决策，危机过后不居功自傲，这是中国企业外派管理者常态化危机管理的特征，是外派管理者面临全球情境的复杂性时体现出来的能力技巧，也体现出中国文化中的"忧患意识"对外派管理者的深远影响，反映了外派管理者从对危机的认知到应对危机的行动的过程中的高超技巧。这是一项具有中国情境特色的全球领导力能力要素。

第十节　压力管理

压力管理是外派管理者认识压力、承担压力，积极利用各种技巧降低压力对自身的影响并能够激发能量的行为能力。

压力是海外复杂多元的不确定性环境对外派管理者的影响。受访者 B 表示，"负责一个团队，业主要求高、生活条件艰苦"；受访者 L 表示，"国外的压力大"。受访者 B 表示，"在海外的成长过程中，往往面临一些巨大的挑战，承受了巨大的心理压力，熬过来，承压能力就提高了"。

对工作压力的研究主要关注其对员工个体身心健康的影响，以及个体的应对策略；关注工作压力源、工作压力感与压力的组织结果。Luedrberg 和 Cooper 开发的职业压力指标量表（OSI）对个体压力问题从压力源、个性特征、控制源、应对策略、工作满意感、生理健康状态和心理健康状况七个方面来全方位地衡量（Luderberg 和 Cooper，2010）。本书主要从压力源和压力应对策略两个方面来分析外派管理者的压力管理能力，以下分而述之。

一　外派管理者压力源

海外的不可控性、复杂性使得外派管理者感受到多方面的压力。首先是来自工作本身的压力，主要为与"业绩相关的压力"，大部分管理者认为这是主要压力。它包含："具体任务目标"（受访者 B）、"新市场开拓目标"（受访者 C）、"资源供应紧张"（受访者 D）、"沟通链条长"（受访者 D）、"资源配备紧张"（受访者 E）、"缺人缺钱"（受访者 O）、"根据复杂环境迅速决策要求"（受访者 A）、"众多利益方的平衡"（受访者 Y）、"海外竞争对手的打击"（受访者 M）、"特别强调合约管理"（受访者 N）等。这些都是外派管理者能够体会到的现实压力，让外派管理者感觉自己时刻在"打逆风球"（受访者 Q）。由此可见，中国企业外派管理者的压力更多地来自市场竞争和技术落后，压力内容与西方外派管理者不同。

当危机出现时外派管理者的工作压力会加剧，包括："危机时刻如疫情时期的防控压力"（受访者 A）、"自身生命健康"（受访者 H）等。压力有时还源于组织，组织中的角色压力如"领导的特别期许"（受访者 D）、"员工对公司发展的期待"（受访者 C）、"下属要求晋升"（受访者 E）、"保障中外员工的工作和生活的顺利"（受访者 B）等。这些都是长期萦绕在外派管理者心中的压力。外派管理者还能明显感受到自身作为在属地国的中国形象的代表，有着进行公共外交的压力，如受访者 D 说："两国外交恢复，项目作为国家间的互交项目，责任很大，很有挑战和压力。""海外项目如果出事故就是国际新闻，压力大。"对于个体生活上的压力也有，比如"不能照顾家庭而感到的生活关系"（受访者 C）压力、"个人晋升"（受访者 J）的压力，以及外派管理者"遭受挫折时，国内的质疑和各方的不理解"（受访者 B）造成的压力等。这些压力源从内容上看有着中国情境的影响，如对人的责任、关系管理、公共外交、危机应对等方面的压力，这也从压力内容上体现出与西方要素中压力的差异。

二　管理者压力应对策略

外派管理者面对海外工作生活的巨大压力，各显神通，有各种应对压力的办法。作为领导者，他们首先要积极调整自己的心态，找到适合自己的解压方式，如用"如履薄冰"（受访者 B）、"扛"（受访者 C）、"熬"（受访者 D）、"顶"（受访者 Q）、"忍"（受访者 N）等字眼来形容自己的抗压状态；用"集中回国休假"（受访者 B）、"想得开"（受访者 A）、"看电影"（受访者 M）、"周日制订好下周计划"（受访者 K）、"多看好的一面"（受访者 Q）、"更专注地工作"（受访者 H）、"做一顿大餐吃"（受访者 M）、"强迫自己睡觉"（受访者 B）等具体的方式来实现自己的压力释放。更为积极的是，他们通过挖掘和释放自己性格中更多的正面力量来应对，如受访者 B 说："经过危机后，心理承受能力强了很多，成熟了。"受访者 H 说："抱怨没有用，积极调整心态，努力完成，让各方能够开心，做出业绩。强调团队一起努力。"受访者 Q 说："时间会让自己更加强大和自信。"受访者 M 说："开朗，抗压能力强，把吸收的垃圾转化成有价值的东西，总是看到好的一面。"受访者 P 说："总对自己说，坚持一下就好了。"

除积极调整好自己的状态，影响他人外，在组织管理策略方面，外派管理者还"用管理制度设计来规避风险"（受访者 M）以及"培养下属成长，使其承担更多工作"（受访者 C）的方式减轻压力。

压力感和压力的应对是外派管理者海外工作生活的组成部分，他们积极接受现实，承担压力、化解压力成为他们在海外练就的一项特别能力。首先是在心态上承担，其次是在行动上外派管理者通过培养自身对压力导致的负面影响进行调节的能力，积极地调动出压力所激发的行动的能量。受访者 Y 发现："以前在国内工作时候的压力，真不算是什么大事儿，只是当时觉得非常严重。"他们普遍感到因为海外工作的历练，提高了自己应对压力的能力，带来了个体能力提升、"成熟了"（受访者 B），获得了成就感。这种历练后的能力的提升也是更加持久的，这是海外工作、生活给予他们高强度训练和个人主动调节的结果，这也成为外派管理者的重要能力要素。

本要素与西方已有理论中"压力管理"的要素内涵基本一致，但在压力源的内容上有着中国情境的影响，中国企业外派管理者心中的压力可能在西方企业外派管理者心中并非压力。但共性是，面对压力源时的及时和积极应对的能力要求与技巧训练。

第十一节　沟通管理

沟通管理是外派管理者通过沟通实现其管理目标的能力。

沟通管理在外派工作和生活中至关重要，受访者 A 说："注意时刻保持沟通，在危机时保持信心，这是自己作为领导的责任。"受访者 B 说："第二次外派之前和业主方沟通顺畅，为公司创造了良好的业绩。"

对沟通能力的阐释有以下四类。特质论认为沟通能力是一种特质，有效性和适当性是衡量沟通能力的两个标准。有效性强弱关乎个体是否能够完成沟通目标。适当性是指个体能够掌握沟通和情境的关系限制，保持适合的距离。情境论则认为是在给定关系、情境下沟通行为能够或可以胜任的问题。过程论更强调情境变量在沟通活动中的作用，力图找到在时间延续过程中跨内容、跨情境的能力特质。表现论直接研究不同场景中所需要的沟通能力的特征和特质，从而归纳出某一职业所需要的有效的沟通技能（刘熙远，2008）。

外派管理者主观上都非常重视沟通能力，这也是海外工作、生活环境的特点所决定的。受访者 D 认为，"战争风险存在，外交风险高，但是合同还要执行，当时陷入了困境，想了许多办法在国家层面沟通"。受访者 Z 认为："发生冲突要分清是误解还是偏见，误解要去解释，偏见要据理力争。"对待偏见要客观认识、求同存异，缓和尖锐矛盾。如果"业务能力足够但是不会协调沟通就变成单打独斗，会出事故"，可能给公司带来恶劣影响。沟通能够更好地帮助外派管理者通过影响他人而完成组织目标，正是这个过程体现出外派管理者的领导力。

从沟通管理的实现方式上看，外派管理者在内部沟通上采取"通过培训，把领导设定的目标达成基本共识"（受访者 Z）的方法；在外部沟通上要"当地的人用接地气的语言去讲合适的内容"（受访者 H）的方式，有时候也需要更高级的技巧，受访者 Z 认为："偏激和极端的人是不好沟通的，也不能做好外派工作，需要用适当的组织工作安排和时间来解决。如果是谈判对方要用特定事件或者策划一个事件去改变。"沟通既能帮助自己更好地意识到国家间存在相互差异，了解基本观念的不同，也能通过观察以及交流双方的真实想法，预防合作的风险，及时调整工作目标使其更加合理。

从沟通管理的内容上看，有公司内部的沟通，如受访者 A 所提到的"解释说明工作到位，措施讲透"，但更多的是面向外界的"跨文化的沟通"（受访者 H）。受访者 I 表示，"要用对方能接受的语言去沟通"，特别是在谈判的时候，"外派管理者语言一定要过关，项目里很多陷阱，靠翻译无法介入太深"（受访者 L）。合同履行的时候，"外语水平不行或者是光懂语言不懂技术，会受到业主置疑，特别是监理公司不计算工作量，无法按时完成项目"（受访者 N）。

从沟通管理的对象上看，有内部沟通，如受访者 Z 提到的"通过培训，把设定的目标变成全体的基本共识"，受访者 E 提到的"先取得团队的支持，上下沟通，说明情况，最终顺利渡过难关"。有外部沟通，包括与中国驻当地大使馆沟通，如受访者 D 提到的"寻求大使出面帮忙协调遇到的运营危机"，受访者 J 提到的"和大使馆沟通交流多"；与当地的供应商沟通，如受访者 D 提到的"和当地官员建立良好的关系"；与公司总部沟通，如受访者 D 提到的"和公司总部的沟通，协调资源"，受访者 H 提到的"从总部申请资源、政策、资金、人才，这都是沟通"；与合作伙伴沟通，如受访者 G 提到的"与西方高级经理人打交道，了解各国文化，结交很多朋友"；与领导沟通，如受访者 M 提到的"沟通领导的期望，不要转化成自己的压力"，受访者 Z 提到的"尽量让领导认识到跨文化的差异，合理的制定目标"。可见沟通管理的对象除了一般情况下的诸如客户、公众、团队、合作方、公司上级等企业经营中常出现的沟通对象外，还会有诸如所在国政府、中国驻外使馆、同行经理人等国内企业不常遇到的沟通对象。特别是当海外企业在属地国同类业务中占有较大比重时，企业会在属地国具有中国企业的代表意义，外派管理的沟通交往就带有了国家层面沟通交往的特殊意义，如受访者 G 提到的"要负责协助大使馆接待中国国家领导人、代表团等来访"，受访者 B 提到的"参与两国外交活动"；由于业务开拓的需要，"与当地的官员、合作商交流"（受访者 N）；等等。外派管理者在这个层面上的沟通管理能力带有明显公共外交的性质，需要"充分了解当地的人文特点，结合外交要求"（受访者 D）等进行沟通。沟通的对象还有远在中国的家人，外派管理者只有和自己国内的家人保持良好的沟通，才能够全身心投入海外工作中，受访者 M 说："家庭生活有损失，但是得到家人支持，是由于沟通顺畅。"

从沟通管理的结果上看，通过良好的沟通，外派管理者能够更好地"解决经营问题"（受访者 D）、"结交很多朋友"（受访者 E）、"树立公司形象"（受访者 L）、"获取总部资源支持"（受访者 K）、"得到家人支持"（受访者 M），从而提升个人能力，如受访者 Z 提到的"积累的沟通问题的经验对个人来说是一种阅历和收获""人的认知是长时间形成的，沟通不可能快速达到目的，需要时间。如果不是核心问题就放一放，不去解决，用时间和事例去体会、去认知"。

沟通管理中语言的作用是否是决定性的呢？有的外派管理者认为语言沟通能力是一项基本能力，自己"因为有基本外语能力而被选拔外派"（受访者 G）；有的外派管理者并不这么认为，如受访者 N 提到的"光是会语言，不懂专业是无法交流的""外语学院招来的同事最后都淘汰了"；有的外派管理者认为在海外沟通中，"语言交流越直接沟通效果越好，能够给决策和判断提供一手的依据"（受访者 L）。总之，语言沟通在外派管理者的沟通管理能力中，并不是必要条件，实际上"海外工作的很多沟通交往并不是靠'语言'本身来完成和实现的"（受访者 A），语言沟通只是作为一种工具来使用（受访者 L）。

沟通管理体现了中国企业外派管理者在全球情境下，调动自己的主观能动性，积极达到沟通目标的能力。"得沟通者得天下"（受访者Z），海外工作的每一步都要靠管理者的沟通来完成，无论是技术上面临的国际标准的差异，还是市场对新进入者的严苛要求，每一困难和危机都要靠沟通来克服和解决，沟通能力是外派管理者一项非常重要的能力，在内容、对象、结果等方面都体现出与国内一般领导者的差异。

在已有全球领导力能力要素研究中，有"人际交往"能力要素，指人在多大程度上愿意与其他文化的人建立并保持关系（Osland 等，2017）。"人际交往""关系兴趣""社会交往灵活性"等共同构成了外派管理者的人际关系，但更加强调个体在这个问题上的主观意识，行动上的主观能动性和效果未做专门强调。且在沟通对象上，已有理论重点在于工作交往关系上的沟通，描述的西方企业外派管理者在沟通方式、内容、对象上均未有中国企业外派管理者那么丰富多彩。在中国文化中，有着"和"的思想，强调通过沟通能力实现人际交往的积极结果，体现出中国情境对沟通能力要素的深刻影响。在海外严苛的环境下，中国企业外派管理者认为"交朋友走天下"（受访者F、受访者Q、受访者L、受访者I）是一种工作信条，而沟通能力就是他们认为的实现交到朋友、行走天下的必备技能。沟通能力体现出全球情境下外派管理者的能力技巧特点，从沟通方式、内容和对象上更体现出中国情境对外派管理者的影响。

第十二节　全球领导力的 11 个要素

以上研究形成了中国企业外派管理者的全球领导力的 11 个要素。

本书紧密围绕全球领导力核心概念，关注点始终为外派管理者在全球情境下如何带领团队实现组织目标的能力共性要素，对于一些欠缺共性的要素在编码过程中不再进行进一步的聚类和分析，最终得到的中国企业外派管理者全球领导力的 11 个要素，其聚类分析的数据展示如表 4-2 所示。

表 4-2 中国企业外派管理者全球领导力的 11 个要素

单位：位

中国企业外派管理者全球领导力要素	初级编码	受访者样本数（共 20 位）
自我认识	89	17
情怀驱动	65	13
差异识别与差异管理	89	19
常态化危机管理	92	17
压力管理	62	17
目标导向	39	14
沟通管理	64	13
求知欲	42	13
关系性管理	60	13
外交思维	60	11
责任意识	40	11

第五章
中国企业外派管理者全球领导力模型

终身学习通过"四个学会"来实现：学会求知、学会做事、学会共处、学会做人。

——联合国教科文组织 21 世纪教育委员会提交的报告

第一节　全球领导力要素分类

全球领导力要素分类的基本思路为：运用扎根理论研究方法进行要素概念形成和要素分类，参考能力模型理论，以"认知、动机、行为"三个维度进行能力要素分类，同时体现外派管理者的岗位胜任力，参考"跨文化能力金字塔"模型中的"跨文化特质""跨文化态度和世界观""跨文化技能"的三层次划分。根据编码特征的聚合和范畴化，发现中国企业外派管理者的全球领导力要素既有潜在特质以及动机、价值观层面的特征要素，又有体现实践层面的个体主观能动性的行为层面要素。本书的全球领导力要素模型基本框架为三个层次，以下分而述之。

"情怀驱动"、"自我认识"和"责任意识"三个要素主要内容为外派管理者的深层次动机和驱动力，是外派管理者关于个人、环境及世界的印象和假设，反映了外派管理者"为什么做""我为何来到这里"的底层逻辑，成为外派管理者思想和行动的指导和驱动，促使外派管理者形成自身海外的工作和生活方式，成就外派管理者的海外"英雄之旅"，因此这三个要素归为一个层次，属于外派管理者的"心智模式"。

"目标导向""外交思维""求知欲"三个要素反映的都是有关外派管理者在海外工作、生活中的思路特点，在海外复杂多变的环境下，外派管理者体现出的不同于在国内的一般管理者的特殊性。在外派管理工作中，以"目标导向"去思考和安排工作和生活各个方面，以"外交思维"进行战略规划，以"求知欲"学习认识海外复杂情境，这三个方面是中国企业外派管理者在管理决策上的独特思考，属于为"策略思维"层次。

在行为层面，外派管理者在海外管理工作中体现出"差异识别与差异管理""关系性管理""常态化危机管理""压力管理""沟通管理"的行为特点，这是在海外复杂多变环境下产生的特别管理技能行为的表现，归类为"管理技能"层面。表5-1为中国企业外派管理者全球领导力11个要素的分类和定义，并列出该能力要素所包含的中国情境的具体内容。

表5-1　中国企业外派管理者全球领导力11个要素的分类说明

要素分类	11个要素	要素定义	中国情境因素
心智模式 ——外派管理者深层次动机和驱动力	情怀驱动	外派管理者以特有的使命和价值观驱动完成外派管理任务	"家国天下，命运共同"情怀
	自我认识	外派管理者认识自己并进行自我管理的能力	
	责任意识	外派管理者的一种要对人、对事负责的意识	"施恩与报恩"思想
策略思维 ——外派管理者独特的决策思考	目标导向	外派管理者能够确认和调整目标，并以目标为导向进行管理工作安排的能力	"实事求是"工作哲学
	外交思维	外派管理者在工作中体现出的以公共外交思维为导向的能力	"家国天下，命运共同"情怀
	求知欲	外派管理者获取知识和改变行为等主动提升素质的能力	

要素分类	11 个要素	要素定义	中国情境因素
管理技能——外派管理者特别管理技能行为	差异识别与差异管理	外派管理者要能够认识到差异性的存在，主动识别它们，并采取相应的差异管理行为	"权变"思想
	关系性管理	外派管理者对外建立"兄弟姐妹"情义、对内建立"朋友"情谊的一项独特的管理能力	"关系"
	常态化危机管理	外派管理者在面对不确定的情境时，将危机进行常态化处理的能力	"忧患意识"
	压力管理	外派管理者认识压力、承担压力，积极利用各种技巧降低压力对自身的影响并能够激发能量的行为能力	
	沟通管理	外派管理者通过沟通实现其管理目标的能力	"和"的思想

第二节　模型构建

本书在完成了编码、要素抽取、定义并分类之后，进行模型构建。要素研究为模型构建提供了基础，对各要素之间的逻辑关系进行梳理，同时参考能力模型、胜任力模型和跨文化模型以及已有全球领导力模型的构建思路，进行本书的要素理论模型的构建，这就是理论从要素化走向逻辑化的演变过程。外派管理者的全球领导力的本质是一项跨文化能力，以"跨文化能力金字塔模型"为基础，根据从扎根理论研究的数据中提取出的编码线索，整理形成能力模型。模型构建过程中的编码分析过程摘录如下。

（一）要素层次间的逻辑关系形成的编码提取过程

要素层次间的逻辑关系形成的编码提取过程举例如表 5-2 所示。

表 5-2　要素层次间的逻辑关系形成的编码提取过程举例

访谈整理	初级编码	模型构建层次逻辑提取
受访者 A："作为中国人要有种情怀，作为共产党员有种使命感" 受访者 G："要考虑他的意愿，因为一个人的意愿就是你自己的原动力"	说明自我认识对外派管理者的原动力作用	自我认识是外派管理者对自我的管理、对组织、对环境、对工作等各方面的思考以及行为激发的原动力
受访者 Q："需要有一种对海外工作的情怀，我觉得这样的话，才能够始终如一地把我们这个项目在海外这种生存环境下坚持下来"	说明情怀驱动对外派管理者海外生存发展的驱动力	
受访者 Y："通过在海外的自我认识，激发了对自己的反思，进而重新思考事业和人生发展，获得了海外发展的原动力"	说明自我认识对于领导力生成的重要驱动作用，以及反思在能力发展中的重要性	
受访者 I："自我建设是最重要的，发现自己在历史长河中留下了痕迹。"这是"正确认识自己"的第一步，"离开平台个人也没有了"。有着实现人类命运共同体的荣耀责任	没有自我认识，其他无从谈起	
受访者 A："责任心驱使自己一定要把事情处理好" 受访者 L："对人对事都负有责任"	责任意识也是外派管理者行为的动力	
受访者 J："做判断决策时将企业战略放在国家战略的高度去考虑"	外交思维对危机常态化管理的战略指导作用	要素策略思维层次对管理技能层次的递进关系
受访者 E："业务停滞时期，自己对所在国家进行摸底和思考，刻苦学习，为后面高速发展的行动奠定了基础"	求知欲对管理者行为层面的影响	
受访者 B 在谈自己在海外18 年的经历时提到："遇到非常大的困难，这些关你必须一个个过，你过了以后到更高一个层级，你自己的个人能力或者是认知也到了更高层级"	能力要素之间有着层级上的上升递进关系	

（二）反思过程逻辑关系的编码形成过程

反思过程逻辑关系的编码形成过程举例如表 5-3 所示。

表 5-3　反思过程逻辑关系的编码形成过程举例

访谈整理	初级编码	逻辑形成
受访者 B 认为，"要不断审视自身的竞争力，以及公司、行业的竞争优势。判断新业务发展领域的方向"，"充分认识自身优势和能力"	自我审视：竞争力、优势、能力	通过不断反思，形成意识、思想到行动的正向循环
受访者 O 认为，"将海外工作看作自己的成长平台，把危机看作自己经历和成长的过程，并用平淡的心态去处理"	危机过后的反思与成长	
受访者 Y 认为，"通过在海外的自我认识，激发了对自己的反思，进而重新思考事业和人生发展，获得了海外发展的原动力"	不断反思：事业、人生	
受访者 I 认为，"自我建设是最重要的，发现自己在历史长河中留下了痕迹"，这是"正确认识自己"的第一步，"离开平台个人也没有了"	不断反思，建设自我认识	
受访者 Z 认为，"不停地反思，不停地调整目标、思考目标是自己的习惯"	不断反思	
受访者 E 认为，"在工作过程中不断反思"	不断反思	

研究得出中国企业外派管理者全球领导力要素模型，如图 5-1 所示。

中国企业外派管理者全球领导力能力要素以"自我认识""情怀驱动""责任意识"三个要素组成外派管理者的"心智模式"层面，提供外派管理者的最初驱动力，是激发思考和行为的动力来源。

"目标导向""求知欲""外交思维"三个要素组成外派管理者的"策略思维"层面，体现外派管理者的管理策略和思考。

"差异识别与差异管理""关系性管理""常态化危机管理""沟通管理""压力管理"五个要素组成外派管理者的"管理技能"层面，体现外派管理者的行为。

中国企业外派管理者的全球领导力要素模型呈现"心智模式""策略思维""管理技能"三个层面，模型层次间以"反思"不断完善，能力不断向上发展。

要素模型说明分为以下五个部分。

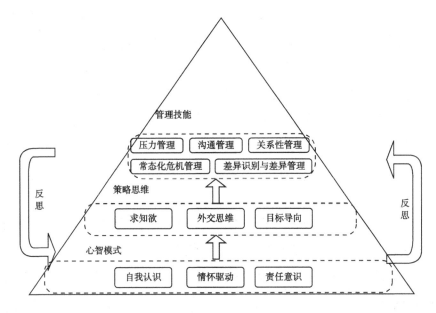

图 5-1　中国企业外派管理者全球领导力要素模型

（1）模型分为"冰山上下"层次。"心智模式"与"策略思维"在"冰山之下"，不易观测，而"管理技能"在"冰山之上"，可通过外派管理者的行为显现并被观测。

（2）模型非严格的层层递进关系。也就是说，并非没有"心智模式"层面的某一要素就一定不会有"策略思维"层面的某一要素，也不会有"管理技能"层面的要素表现，模型仅以层次来形象说明不断循环向上的要素运行趋势。

（3）模型提供了倒推分析思路。模型的层层递进关系提供了一个分析外派管理者行为特征的倒推思路，如看到外派管理者有"关系性管理"的行为特征，可能是由于这位外派管理者以"外交思维"去进行决策思考，认为企业的行为已经关系到国家在当地国家的形象；也可以分析得出这位外派管理者有着"家国情怀"，并以"情怀驱动"要素产生"外交思维"等管理思想并最终落实于实践行为。

（4）模型要素间非完全独立。作为能力，要素间不是简单相加组合的关系，而是相互交融的关系，如"自我认识"与"情怀驱动"在意识层面是融合的，"外交思维"和"求知欲"在思想形成上互相促进，"关系性管理"与"沟通管理"间也有着互动的行为表现，等等。

（5）模型非单向运行。外派管理者的能力是循环向上发展的，反思为能力的生长提供了可能性和动力，反思促使外派管理者意识、思想、行为不断循环并向上发展。

第三节　机制探索

遵循扎根理论的研究方法可得出中国企业外派管理者全球领导力要素模型运行机制：由心智模式激发策略思维，依策略思维落实于管理技能，并通过外派管理者的"反思学习"不断完善，最终实现外派管理者的全球领导力。

能力的运行机制是一个涉及管理学、社会学、心理学和哲学的宏大课题，本书在这里根据访谈编码的资料，尝试进行模型机制运行的分析，为全球领导力的进一步理论研究打下基础。

心智模式层面的"自我认识"帮助外派管理者了解自己、客观看待自己、认识多元化复杂的环境，了解不同人的价值观、认知风格、对危机变化的态度以及人际关系的取向等的差异。心智模式层面反映出外派管理者如何看待自己、看待他人和认识世界的最根本的逻辑。

心智模式层面的"情怀驱动"与"责任意识"体现的是外派管理者的"家国天下，命运共同"情怀和"施恩与报恩"思想，这些是中国情境刻在身上的烙印，构成了中国企业外派管理者的独特心智模式，由情怀激发，并驱动自身"在海外坚持下来"，"有情怀的工作和生活"，并且"对人对事都负有责任"，秉承"和衷共济、和合共生"的理念，进一步为实现"人类命运共同体"的最高追求而努力。

"自我认识"解决的是外派管理者"我为何存在"的问题，"情怀驱动"和"责任意识"解决的是外派管理者"我为何来这里"的问题。

解决了"为什么"问题后，外派管理者进一步思考"怎么做"，并实践"做什么"。将"自我认识"和"情怀驱动"、"责任意识"共同驱动形成外派管理者的全球领导力心智模式，构成其思维的底层逻辑，是思想和行为的基础，是外派管理者策略和行动的动力来源。心智模式层面是策略思维层面和管理技能层面的基础，经过反思过程循环往复，外派管理者能力得以不断提升。

经过表5-2的要素层次间的逻辑关系形成的编码研究发现，心智模式层面的三要素集合在中国企业外派管理者的能力要素中具有独特地位，这一层面的要素集合既体现了外派管理者全球领导力的根本，又体现了价值观和世界观，隐含了中国情境对外派管理者的影响，有着鲜明的中国特色。中华文化有着"由家及国而天下"的文化基因，体现为将个人命运与共同体整体命运相联系的文化特质，这是中华儿女共同的世界观。2012年11月，党的十八大报告提出"人类命运共同体"意识，正是新"家国天下"精神在当代的体现。通过以上研究分析进一步证明，这就是中国企业外派管理者全球领导力的深层次心理密码，体现了外派管理者最基本的心理驱动力和心智模式，可将这个心智模式称为"家国天下，命运共同"的心智模式，并定义为：外派管理者以"家国天下、命运共同"为其深层次动机和驱动力的心智模式。

策略思维层面由心智模式激发，反映出中国企业外派管理者的独特管理思想策略，具体表现为：以"目标导向"解决问题的思想、在复杂情境中的不间断的"求知欲"、在企业战略思想上的"外交思维"。这些思想经由外派管理者的心智模式激发形成外派管理者的策略思维。

管理技能层面体现了外派管理者在管理实践活动中的行为技巧，是通过影响下属，从而达到组织目标的主观能动行为。管理技能是行为方面的，由一系列可获得积极结果的活动组成。外派管理者由心而发的心智模式，激发策略思维，最终落实在行为实践的层面，具有了"差异识别与差异管理""关系性管理""常态化危机管理""沟通管理""压力管理"等行为特征，体现了中国企业外派管理者的管理行为技能。

中国企业外派管理者全球领导力要素模型机制示意如图 5-1 箭头部分所示。

第四节 与既有模型的对话

一 与跨文化能力金字塔模型差异分析

对本书的全球领导力要素模型与跨文化能力金字塔模型进行差异性分析，如图 5-2 所示。

本模型与跨文化能力金字塔模型的差异性体现在以下两个方面。

一是内容侧重差异。主要体现为第一层次和第二层次内容的不同，本模型第一层次为心智模式，内容为自我认识、情怀驱动、责任意识；在第二层次中，本模型主要内容为策略思维，体现在求知欲、外交思维、目标导向上。跨文化能力金字塔模型的第一层次主要内容为特质，即个人所具备的特征和条件。本模型强调中国企业外派管理者"家国天下，命运共同"的心智模式，以及对全球领导力的内驱力量，跨文化能力金字塔模型中第二层次也有价值观和态度的内容，但建立在"跨文化特质"的基础之上，隐含条件为具备某些特质才会有相应价值观形成和态度正向的可能。跨文化能力金字塔模型更强调门槛特质，对于个体特征要求比较高，通过对已有特质的进一步培养，能力才获得向上发展的可能性，而本模型更加强调能动性和经由反思形成的能力的自身发展性。这是本模型与跨文化能力金字塔模型的最大差异所在。

二是要素内涵差异。本模型要素反映出中国企业的外派管理者面临的全球情境和自身中国情境的影响，即外部情境和内部情境，如"情怀驱动"反映了外派管理者在海外复杂多元情境下由"家国天下"的情怀激发的，并以此驱动自己"在海外坚持下来"（受访者 Q）（全球情境和中国情境），"有情怀地工作和生活"（受访者 R）（中国情境），实现"人类命运共同体"的"荣耀"（受访者 I）（中国情境）；外派管理者的"责任意识"发挥着巨大作用，对人对事都负有责任（受访者

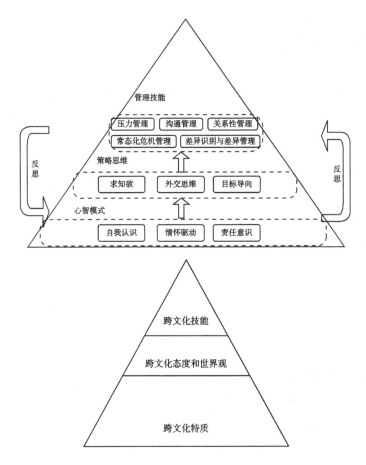

图 5-2　本模型与跨文化能力金字塔模型差异对比分析

C）（中国情境）；"自我认识"反映了外派管理者经过海外"复杂"情境历练后不断反思和成长的过程（全球情境）；"目标导向"反映了外派管理者在面对海外危机时坚守目标的工作思路（全球情境）；"外交思维"反映了在海外"模糊""多变"的政治经济形势下，外派管理者经营方式中的公共外交思考（全球情境）；"常态化危机管理"反映了海外"危机频发"是常态；"求知欲"促使外派管理者不断学习并不断成长（全球情境）；"差异识别与差异管理"中的差异是指海外工作生活的情境差异（全球情境）；"关系性管理"体现了外派管理者在海外资源缺乏情境下，对内关系进行"情义性管理"、对外关系进行"情境性管理"的能力（全球情境和中国情境）；"压力管理"中的外派管理者压力源大多与海外情境特点有关（全球情境）；"沟通管理"因为中国企业外派管理者面临全球情境的特殊性在沟通内容、沟通对象上都有着不同于既有理论中外派管理者的内涵。由此可见，本书的全球领导力要素模型更好地诠释了中国企业外派管理者面临的全球情境和中国情境的特点，具备跨文化能力金字塔模型所无法涵盖的要素内涵。

二 与既有全球领导力要素模型差异分析

将本书的全球领导力要素模型与既有理论中运用比较多的全球领导力要素模型进行分析、对比，发现差异显著（见图5-3）。

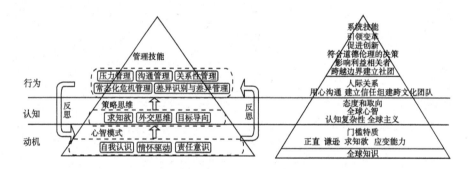

图5-3 本模型与既有全球领导力要素模型差异对比分析

一是结构层次差异。由图5-3可见，本模型动机层为心智模式，而既有全球领导力要素模型动机层为全球知识和门槛特质。

二是层次内涵差异。本模型以自我认识、情怀驱动、责任意识形成的心智模式为始，体现了中国情境下外派管理者把"家国天下，命运共同"的独特心智模式作为核心驱动力，而既有模型对于外派管理者拥有全球知识和门槛特质比较看重。在访谈中发现，大多数中国企业外派管理者为"临危受命"（受访者A），"领导派你去，必须上"（受访者I），"没有其他选择"（受访者F），并没有个人意志自由选择的机会，这和中国企业面临的全球情境有关，相关知识和自身特质是到海外工作后，通过自我学习补上的。在中间认知层次，既有模型偏重全球心智的认知养成，在本模型中外派管理者在回答了驱动力问题之后，形成了一套在工作中的独特的策略思维，这个策略思维就是对全球情境和工作任务的认识。在行为层次，既有模型更侧重变革和创新，而本模型更加突出外派管理者在实践上的能动性表现，管理技能的范围更全面和丰富。总体来讲，既有模型对个体能力的发展是建立在个人主义价值观上的，体现在对于某类个体特质的看重、对于个体特点的强调、基于个体特质而发展认知和行为能力。而本模型更加贴近中国企业外派管理者特点，即充分考虑全球情境和中国情境对外派管理者的影响，更符合中国本土实际，贴合中国企业外派管理者的现实情况。近年来，既有模型的各个要素及内涵，由于界定不明、混淆不清，在应用中常被学者诟病，进而部分学者发展出 GCI 模型，并加以应用。

以下重点将本模型的要素与既有 GCI 模型的要素进行详细对比分析，如图 5-4 所示。

（一）要素模型层次差异

经过对比可见，GCI 模型强调外派管理者的先天门槛特质，如"乐观""自信""情绪弹性""非应激倾向"等要素，这是 GCI 模型基于既有 330 余种跨文化特征不断比对后得出的，可以此作为门槛特质划定个体能力生成基础。本模型更强调外派管理者由心智模式激发策略思维并落实在管理实践的过程，更强调个体动机的驱使、认知思考的激发，强调主观能动性，强调通过反思后动态上升的能动过程。在中国情境下外派管理者完全可通过实践锻炼，不断学习反思，获得能力的提升。从这点上来讲，体现了中国情境影响下的要素研究与既有理论模型的差异。

（二）本模型新增八个要素，充分体现中国企业外派管理者的情境特点

如图 5-4 所示，本模型与 GCI 模型相比，新增了八个全球领导力

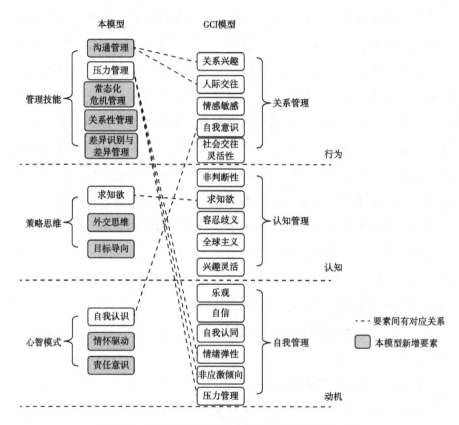

图 5-4　本模型与既有 GCI 模型要素差异对比分析

要素，分别为"情怀驱动"体现了中国情境中特有的"家国天下，命运共同"情怀，以及面对技术劣势和竞争残酷的全球情境的"大国思想"；"责任意识"体现了中国文化的"施恩与报恩"思想。以上组成中国情境下"家国天下，命运共同"的心智模式。"目标导向"体现了中国企业外派管理者独特的"实事求是"工作哲学与面对严苛的竞争情境（中国情境和全球情境）时"坚守"的思想特点；"外交思维"体现了中国企业外派管理者在"家国天下，命运共同"情怀下应对海外发展挑战的策略思维（中国情境和全球情境）；"差异识别与差异管理"体现了中国企业外派管理者的"权变"思想，以及"因地制宜"的差异化和包容的特点

（全球情境）；"关系性管理"中蕴含了中国情境下的"关系"特点，包含深厚的"情义性"关系特点，并以"交朋友走天下"的"情谊性"关系为内容，以及在全球情境下以交朋友而获得机会的技能（中国情境和全球情境）；"常态化危机管理"体现了中国文化中的"忧患意识"和"以平常心处理无常"的文化特点，以及面临非常挑战以常态化方式去对待的技能（中国情境和全球情境）；"沟通管理"在内容和沟通对象、方式上体现出中国文化中的"和"的思想，强调通过沟通能力实现人际交往的积极结果，这也是中国企业外派管理者面临挑战的管理技能（中国情境和全球情境）。

这八个新增要素是既有模型中没有的，表明中国企业外派管理者在复杂多变的全球情境下，基于自身的中国情境，所体现出的特有能力要素。

（三）本模型与 GCI 模型的其他要素有相似之处，但在内涵上有差异

如图 5-4 所示，"压力管理"中的压力源，如"外交压力""领导的期许压力"是中国情境特有的，也是中国企业外派管理者在更为严苛的全球竞争压力和挑战下的特别压力内涵；在"求知欲"内容上，体现出中国企业外派管理者面对全球情境"在实践中自己去处理"的特点，以及面对残酷竞争自身以强烈的求知欲去学习新知识、新技术的特点；"自我认识"在认识内容上体现了中国情境下中国企业外派管理者对自身和他人以及环境的不同认识内容。

（四）本模型突出外派管理者领导力能力内涵

外派管理者除了自我管理、自我发展外，还需要通过一系列管理技巧带领组织完成目标，体现出领导力"凝聚人心"、"影响他人"和"使众人行"的特点。本模型"情怀驱动"要素展现了领导力中的感召力；"目标导向"、"外交思维"和"责任意识"体现了领导力中的决策力、教导力和感召力；"求知欲"反映了领导力中学习力的特点。"管理技能"层面的五个要素体现了领导力中的决策力、组织力和执行力等方面的特点。既有模型中各要素对领导力中的影响力、感召力和组织力等方面并未涵盖，更注重在个人能力描述和社会关系管理方面的技能，更多强调管理者的自我认知和自我管理，在"关系管理"层面也以管理者的个体兴趣偏好为主，较少体现外派管理者在领导力方面的能力内涵。

（五）本模型层次分明、分类清晰

本模型要素分属于心智模式、策略思维和管理技能三个层次，而GCI 模型更重视管理者对自我个性的认知和尊重，如"自我认同""自我意识"两个要素都强调自我在对个体自身和对世界的认识和包容等方面的重要性。既有模型在内容上互相交叉比较多，如"容忍歧义""全球主义""非判断性"三者之间内容有所重合，再如"人际交往""关系兴趣""社会交往灵活性"之间的内容也有交叉重合等。因此既有模型在应用中的适用性较差，尤其是对于中国企业外派管理者适用性不强，指代模糊易造成应用中的误解。

第六章
中国企业外派管理者全球领导力研究的
主要结论和应用探索

世界不仅仅是平的，这个世界是快速的、融合的、深度的、开放的。

——《世界是平的》作者、三届普利策新闻奖获得者、《纽约时报》专栏作家托马斯·弗里德曼

第一节 中国企业外派管理者全球领导力研究的主要结论

本书"全球领导力"定义为：在复杂多元的全球情境下，外派管理者影响并带领组织达成愿景和目标的能力。该定义既能反映外派管理者所面临的不同于国内一般领导者的全球情境，又能体现外派管理者自身所受中国情境的影响，以及外派管理者作为领导者的岗位特征；既能反映个体的工作现状，又可以反映个体行为的实现过程。

本书认为中国企业外派管理者面临情境由内外两部分组成，外部情境是指有着"高度复杂性、依赖性、模糊性、多元化、变动性和流动性"特点的"全球情境"，具体表现为：跨文化、跨自然、跨地域、跨政治、跨经济、跨技术等多方面。内部情境是指外派管理者自身所带有

的"中国情境",他们受到中国社会文化的影响,并将影响渗透于全球领导力要素之中。

本书以质性研究的扎根理论为研究方法,通过对研究对象的深度访谈和实地考察收集资料,以三级编码建构理论,最终总结出中国企业外派管理者的全球领导力的 11 个要素和要素模型。中国企业外派管理者全球领导力要素以"自我认识""情怀驱动""责任意识"三个要素组成外派管理者的"心智模式"层面,提供外派管理者的最初驱动力,是激发思考和行为的动力来源。"目标导向""求知欲""外交思维"三个要素组成外派管理者的"策略思维"层面,体现外派管理者的管理策略和思考。"差异识别与差异管理""关系性管理""常态化危机管理""沟通管理""压力管理"五个要素组成外派管理者的"管理技能"层面,体现外派管理者的行为。中国企业外派管理者的全球领导力要素模型呈现"心智模式""策略思维""管理技能"三个层面,层次间以"反思"不断完善,能力不断向上发展。

本书首次提出有关中国企业外派管理者的全球领导力的 11 个要素和模型,解释了中国企业外派管理者全球领导力要素,对要素进行了定义和分类,并构建了要素模型、探索了模型机制。

本书所构建模型与既有模型相比,在要素类别、要素内涵、层次侧重上有显著差别,体现了中国企业外派管理者面临的全球情境和自身中国情境特点,是真正适合中国企业外派管理者的本土理论模型。本书做到了从中国实践发现现实问题、探索解决问题的方法,为中国企业外派管理者的人才培养、发展和评价提供了适用的理论依据,为"一带一路"倡议的发展提出人才能力建设的现实建议。

本书与既有模型相比,重点有以下三个方面创新。

第一,本书是基于中国样本的理论构建研究。

既有全球领导力概念和理论主要由西方的学者发起,且研究样本以西方企业外派人员为主,研究过程是建立在西方价值观和文化基础上的,无法穿透中国企业外派管理者的实际情况,不具普适性。此外,中国企业外派管理者面临着与既有研究样本不同的外部全球情境，表现在进入海外市场的地位以及技术地位差异等方面，样本未覆盖而无法在既有理论中体现相关特点，而既有的中国企业外派管理者的研究多以引用西方理论和模型进行量化研究验证为主，难免有失公允。本书选取中国企业外派管理者，尤其是在"一带一路"倡议下于海外发展的中国企业外派管理者为研究样本，有其特殊性和实践价值，在这点上既有理论研究未能涉及，为本书的理论构建提供了空间上的可能性。本书以质性研究的扎根理论方法进行中国企业外派管理者的全球领导力要素研究，从研究范式、样本来源以及数据收集上体现了研究与已有理论的差异。

第二，经过研究和论证的要素和模型创新。

既有全球领导力研究忽略了外派管理者自身社会文化情境的影响，而隐含的文化基因对领导力的巨大影响已被证实。因此本书运用质性研究方法，通过访谈法和实地考察法收集资料，清晰完整地呈现了全球情境和中国情境对全球领导力要素的影响，在编码和理论构建中，这种情境影响充分融入概念的聚合和构建中，从11个要素的内涵即可看出与既有理论的差异，以下详述之。

本模型增加了八个与既有模型完全不同的全球领导力要素，分别为"情怀驱动"体现了中国情境中特有的"家国天下，命运共同"情怀，以及面对技术劣势和竞争残酷的全球情境的"大国思想"；"责任意识"体现了中国文化的"施恩与报恩"思想。以上组成中国情境下"家国天下，命运共同"的心智模式。"目标导向"体现了中国企业外派管理者独特的"实事求是"工作哲学与面对严苛的竞争情境时"坚守"的思想特点（中国情境和全球情境）；"外交思维"体现了中国企业外派管理者在"家国天下，命运共同"情怀下应对海外发展挑战的策略思维（中国情境和全球情境）；"差异识别与差异管理"体现了中国企业外派管理者的"权变"思想，以及"因地制宜"的差异化和包容的特点（全球情境）；"关系性管理"中蕴含了中国文化中"关系"特点，包含深厚的"情义性"关系特点，并以"交朋友走天下"的"情谊性"关系为内容，以及在严苛竞争环境下以交朋友而获得机会的技能（中国情境和全球情境）；"常态化危机管理"体现了中国文化中的"忧患意识"和"以平常心处理无常"的文化特点，以及面临非常挑战以常态化方式去对待的技能（中国情境和全球情境）；"沟通管理"在内容和沟通对象、方式上体现出中国文化中的"和"的思想，强调通过沟通能力实现人际交往的积极结果，这也是中国企业外派管理者面临挑战的管理技能（中国情境和全球情境）。

这些新增要素是既有模型中所没有的，表明中国企业外派管理者在不同的全球情境和自身中国情境下所体现出的既有模型所未覆盖的能力要素。

而以下三个要素虽然与既有理论有着一定相似性，但是在内涵上有显著差异。"压力管理"中的压力源，如"外交压力""领导的期许压力"是中国情境特有的，也是中国企业外派管理者在更为严苛的全球竞争压力和挑战下的特别压力内涵；在"求知欲"内容上，体现出中国企业外派管理者面对全球情境"在实践中自己去处理"的特点，以及面对残酷竞争自身以强烈的求知欲去学习新知识、新技术的特点；"自我认识"在认识内容上体现了中国情境下中国企业外派管理者对自身和他人以及环境的不同认识内容。

第三，要素模型的层次创新。

既有研究强调外派管理者的先天门槛特质，比如"乐观""自信""情绪弹性""非应激倾向"等要素，这是 GCI 模型基于既有 330 余种跨文化特征不断比对后得出的，可以此作为门槛特质划定个体能力生成基础。本书所建构模型更强调外派管理者由心智模式激发策略思维并落实在管理实践的过程，更强调个体动机的驱使、认知思考的激发，强调主观能动性，强调通过反思后动态上升的能动过程。在中国情境下外派管理者完全可通过实践锻炼、不断学习反思，获得能力的提升。从这点上来讲，体现了中国情境影响下的要素研究与既有理论模型的差异。

此外，"管理技能"层面的五个要素体现了领导力中的决策力、组织力和执行力等方面的特点。既有模型对领导力内涵中的影响力、感召力和组织力等方面并未涵盖，更注重在个人能力描述和社会关系管理方面的技能，更多强调管理者的自我认识和自我管理，在"关系管理"层面更关注管理者的个体兴趣偏好，较少体现外派管理者领导力方面的能力要素特征。

本书提出的全球领导力的 11 个要素分属于心智模式、策略思维和管理技能三个维度，层次清晰，要素间界定分明。而既有模型更重视管理者对自我个性的认知和尊重，如"自我认同""自我意识"两个要素都强调自我在对个体本身和对世界的认识和包容等方面的重要性。既有模型在内容上互相交叉比较多，如"容忍歧义""全球主义""非判断性"三者之间内容有重合，再如"人际交往""关系兴趣""社会交往灵活性"之间的内容也有交叉重合等。

第二节 中国企业外派管理者全球领导力研究的应用探索

一 理论研究紧密贴合中国企业外派管理者实践

随着经济全球化的发展和"一带一路"倡议的有效施行，海外经营的中国企业面临前所未有的、复杂多变的、竞争严苛的全球情境，能够领导全球化组织的外派管理者成为独特而稀缺的人力资源。企业都渴望外派管理者能够成为带领海外组织生存并发展的"英雄"，每个外派管理者都希望自己能够在外派经历中实现职业和人生的"英雄之旅"。然而对于这一现象的理论研究却严重滞后，现有研究多以既有的跨文化能力、跨文化管理等理论进行中国样本的量化验证，而有关全球领导力的中国本土化研究多以概念研究和理论综述为主，少见理论构建研究。

现有的"跨文化适应、跨文化交际、文化智力、全球心智"等概念和理论，仅描述了个体跨文化能力中的一部分要素。而跨文化能力、跨文化胜任力等概念和理论未能覆盖本书研究对象——中国企业外派管理者所面临的全球情境和工作任务下的管理能力特征。近年来有关"跨文化管理能力""跨文化领导力"概念虽然更加接近外派管理者的工作职能特点，但对于全球情境的考虑并不充分，且概念定义不清晰，未形成研究体系。目前，一般领导力理论未专门讨论全球情境下领导力的特点。外派相关研究涉及面广且庞杂，对于外派管理者的研究主要基于上述概念的应用方面。总之，以上理论和研究均无法满足中国企业外派管理者的能力建设和发展的需要。

既有全球领导力理论是建立在对外派管理者所面临的全球情境的充分考察之上的，结合了管理者的工作职能特点且有着较成型的理论体系。但是，本书经分析发现中国情境对全球领导力内涵具有深刻影响，既有理论建立在西方个体价值观基础之上，从研究样本到实证研究论证缺少对中国企业外派管理者群体的体现，因此既有全球领导力理论不具有普适性，不适用于中国企业外派管理者。

针对以上实践问题的凸显和现有理论的不足，本书以中国企业外派管理者这一特殊的群体为研究对象，选取中国"一带一路"倡议下前往海外发展的企业的外派管理者为研究样本。这一样本群体具有典型特征，对本书研究有着很高的实践意义。本书以全球领导力为核心概念，并将"全球领导力"定义为：在复杂多元的全球情境下，外派管理者影响并带领组织达成愿景和目标的能力。这既能反映外派管理者所面临的不同于国内一般领导者的全球情境、自身所受中国情境的影响，又能体现外派管理者带领团队的管理行为；既能准确地涵盖外派管理者所面临的全球情境，又能涵盖其受中国情境的影响。而以质性研究的扎根理论的方法为研究范式，保证了构建理论的可行性。本书提出的中国企业外派管理者的全球领导力理论和要素模型，能够对中国企业外派管理者的人才培养、管理和评价工作提供参考。

二　中国企业外派管理者的全球领导力要素分析应用展望

本书建构的模型增加了八个与既有模型完全不同的全球领导力要素，分别为："情怀驱动""责任意识""目标导向""外交思维""差异识别与差异管理""关系性管理""常态化危机管理""沟通管理"。这些新增要素是既有模型中所没有的，表明中国企业外派管理者面对全球情境和基于中国情境体现出的既有模型所未覆盖的能力要素。

而压力管理、求知欲、自我认识三个要素与既有理论虽然有着一定相似性，但是在内涵上有显著差异。

从要素模型层次上看，本书进行了优化。体现为：既有全球领导力理论基于对外派管理者的现状特征的考察，强调门槛特质，忽视其主观能动性和能力的发展，在已有的机制研究中，过分强调关键事件的促发和对领导者个体学习认知过程的影响。本书构建的模型分为"心智模式"、"策略思维"和"管理技能"三个维度，心智模式中"自我认识"、"责任意识"和"情怀驱动"三个要素的主要内容为外派管理者的深层次动机和驱动力，强调具有中国情境特点的"家国天下，命运共同"情怀；"目标导向""外交思维""求知欲"三个要素反映的都是外派管理者在海外工作的思路特点，归类为"策略思维"；"差异识别与差异管理""关系性管理""常态化危机管理""压力管理""沟通管理"反映出外派管理者在管理行为和管理实践方面的能力特征，归类为"管理技能"。三个维度反映出外派管理者"心智模式-策略思维-管理技能"的运作机制。本书构建的模型强调外派管理者由"自我认识"、"责任意识"和"情怀驱动"到管理思想并最终落实在管理实践上的主观能动性，强调全球领导力要素动态上升的能动过程，是可以在实践中被激发得以生成的。本书强调管理实践的主观能动性，全球领导力可以通过学习而不断生成发展，可以激发人的主动性去习得，强调理论对实践的指导作用。

　　本书构建的要素模型强调心智模式的驱动作用、强调主观能动性、强调个体在过程中的转变，强调对于个体持续发展的承诺和强烈的内在欲望和驱动力，挖掘出个体的深层次的行为动机。本书认为"家国天下，命运共同"的心智模式是中国企业外派管理者全球领导力的起点，是一切转变的思考和行动的原动力。

　　研究发现：当前外派管理人员外派行前在岗的培训匮乏，只有少数样本自述有机会在行前接受相关外语和国外文化历史的培训，而西方跨国企业外派管理者接受的专业培养是系统化的。中国企业外派管理者更多地靠"悟"和"忍"，造成不少公司花大成本外派出去的人才，因为无法克服外派"第一年"，尤其是"外派前100天"（最艰难时期）的考验而发生外派失败现象，这不管是对组织人力资源管理还是对个体成长发展，都是较大的损失和打击。笔者在调查中还发现，有些外派管理者仍狭隘地认为跨文化就等同于掌握外语。这些现象都说明外派管理者的人才发展还处于十分初级的阶段，亟须科学化、系统化。

　　基于对与研究对象紧密贴合情境的考察和分析，本书发现能力要素具有较强的实践指导意义，可以进行中国企业外派管理者的全球领导力要素模型的量表开发，量表可应用于全球领导力的人才发展工作中，包括外派管理者的选拔、外派前培训、外派工作效果评估、外派阶段性考察、外派人员回国评估等，为中国企业外派工作的发展提供更具适用性的工具。

　　当前世界处于以经济全球化为核心的，包含各国、各民族、各地区的，在政治、文化、科技、军事、安全、生活方式、价值观念等多层次、多领域的相互联系、影响和制约的多元化的全球化时代。每一个引领企业海外发展的外派管理者都面临复杂多元的全球情境。外派管理者不仅是企业海外发展的大使，还是中国文化国际影响力的大使，更是中国技术、中国理念等软实力的代表。本书发现，无论是从心智模式、策略思维还是管理技能层面，11个全球领导力的能力要素无一不反映出全球情境的特点，而11个要素皆为后天可习得、可通过反思实践学习而不断发展、循环向上的。这就需要更多的教育机构、人力资源负责人共同探索适合中国企业外派管理者的能力建设和人才发展项目，满足外派管理者全球领导力培养的需要，践行"共商共建共享"的全球治理理念，实现"人类命运共同体"。

笔者认为，其一，应尽快开展外派管理者行前在岗的全球领导力培训。培训内容对应中国企业外派管理者全球领导力的 11 个要素，即"自我认识""情怀驱动""责任意识""目标导向""求知欲""外交思维""差异识别与差异管理""关系性管理""常态化危机管理""沟通管理""压力管理"，建设和开发与这些能力要素相关的培养内容和体系，例如，政治素养提升、自我认知能力开发、公共外交技能开发、心理建设、经济与管理能力提升、沟通能力提升等培训项目。围绕 11 个能力要素建设和开发设计有结构、成体系的培训项目，为外派管理者的选拔、人才培养、人才可持续发展提供有效支持。其二，在学历教育阶段，引入全球领导力能力培养环节，做好海外工作的人才储备，提高人才的岗位胜任力。比如在工程教育中加入与全球领导力能力发展相关的课程，使学生在学习工程相关的技术能力的同时，能够有全球领导力相关能力的发展，对企业海外发展所需的工程师和外派管理人员进行有意识、有计划地提前培养，打好人才的发展基础。在针对工程管理在职人员的工程博士项目中，可以引进全球领导力专门培训环节，提升工程项目领军人物的全球领导力。

第三节　研究局限

一　目的性抽样中缺乏海外当地员工对中国企业外派管理者的评价

本书以深度访谈方式获得外派管理者的一手资料，通过四次实地的参与观察，对外派管理者的工作生活环境和同事等进行了资料收集和研究，但是按照目的性抽样的目标，应该还有一个非常重要的视角是海外的当地员工和下属如何评价外派管理者的全球领导力，这个目的性抽样的视角对了解异国文化下的下属如何与中国企业外派管理者沟通以及其对中国情境的理解非常重要，但遗憾的是，由于社会的难以穿透性，笔者未得到合适的机会接近此类样本，这个角度的资料未能获取。这是本书最大的遗憾，希望在今后的研究中有机会弥补。

二　中国企业外派管理者样本中还应涵盖女性管理者样本

本书立足中国实践，样本以实际接触并有一定了解的在"一带一路"倡议下出国的中国企业外派管理者为主，少量为已联系样本"滚雪球"获得。样本的抽样和访谈尽了笔者最大努力，实地考察机会也实属难得。但遗憾的是，本书一直未能联系到女性外派管理者的样本，仅在实地考察时，认识了一位女性外派管理者并进行了短暂交流，但是后来未能有机会进行深度访谈。其原因主要为：其一，外派工作的环境较国内工作安全度低且风险大，选择这个职业的女性很少，女性在外派人员中占比低；其二，外派管理者常常需要独当一面地在海外项目点等环境中工作，现有硬件、软件设施还有诸多对女性不便之处。但是，女性管理者的领导力因为其独特的优势和特点已经越来越受到关注，外派人员中女性越来越多，对于外派管理者的考察理应涵盖女性管理者，她们在能力上是否有特殊之处，这都是下一步研究需要探索并补充的。

三　理论应用还应含有定量分析等研究方法的补充验证

本书构建了中国企业外派管理者的全球领导力要素模型，并进行了初步的机制研究。要想全面地构建中国本土的全球领导力理论，还需要进一步在更广泛的样本中，以定量分析的方法进行要素模型的验证，并在此基础上，在子要素和人员测评上形成一套系统化的工具，这样才能更好地联系实际，并对外派管理者的人才培养和发展的实践工作做出贡献，当然这也是研究需要进一步完善之处。

第四节　未来展望

一　探索中国企业外派管理者的全球领导力测评工具

全球领导力的理论研究和实践应用都面临巨大的挑战。首先，全球领导力的概念定义需要达成统一意见；其次，一个核心概念的发展不能总停留在概念定义、要素分析上，要能对研究对象进行状态的衡量和理想水平的定义，也就是说能力要素要能够不断细化，尽可能地分解成可测量、可评估的子要素，为更多的纵向研究和横向比较提供有效的分析工具，为在实践中进行人才选拔、开发和培养提供依据和标准。未来，在本书对中国企业外派管理者的全球领导力要素分析和机制模型构建的基础上，可以进一步开展能力要素的测评标准的研究，为理论的应用提供工具，开发相应的应用模型，结合组织背景进行活化运用。结合现状和过程发展的视角，进行外派管理者的全球领导力开发，为研究对象提供能力开发模型。聚焦细微的能力层次，为过程的发展提供有效方法，并应用于海外企业的管理人才培养中。这是本书的实践意义所在，也是教育专业研究者的不懈追求。

二　为全球可持续发展目标实现提供中国工程领军人才能力建设方案

联合国于 2015 年通过了《2030 年可持续发展议程》。该议程提出了 17 项可持续发展目标，这是解决全球发展问题的一项共同行动计划。工程是实现所有 17 项可持续发展目标的基础。2013 年，习近平主席提出共建"一带一路"倡议，旨在聚焦互联互通，深化务实合作，携手应对人类面临的各种风险挑战，实现互利共赢、共同发展，通过高质量共建"一带一路"，携手推动构建人类命运共同体。"一带一路"倡议下的工程建设，面临跨学科、跨国家、跨文化等复杂多元的全球情境，需要培养更多创新型和高质量的工程人才。工程教育的每一个分支都需要肩负责任，将可持续发展作为核心竞争力（联合国教科文组织，2021）。全球领导力是海外工程领军人才能力建设的核心。对这一能力建设的深入探索，包括对国际性的素养标准、运作模式、学习方法、相关数据的收集和研究等，必将为"一带一路"倡议的有效实施、全球可持续发展目标的实现贡献力量。

参考文献

《马克思恩格斯全集》（第 3 卷），1960，人民出版社。

《十八大以来重要文献选编》（下），2018，中央文献出版社。

艾德·科恩，2009，《跨文化领导》毛学军译，东方出版社。

彼得·圣吉，1998，《第五项修炼——学习型组织的艺术与实务》，郭进隆译，上海三联书店。

彼得罗夫斯基主编，1981，《普通心理学》，朱智贤、伍棠棣、卢盛忠、张世臣、龚浩然、孙晔、王明辉译，人民教育出版社。

陈国权，2008，《复杂变化环境下人的学习能力：概念、模型、测量及影响》，《中国管理科学》第 1 期。

陈晶、鲁欣怡，2021，《领导力理论研究的窘境与出路——兼谈领导力六维框架构想》，《管理现代化》第 2 期。

陈向明，1999，《扎根理论的思路和方法》，《教育研究与实验》第 4 期。

陈向明，2000，《质的研究方法与社会科学研究》，教育科学出版社。

陈晓萍、徐淑英、樊景立主编，2012，《组织与管理研究的实证方法》（第 2 版），北京大学出版社。

陈玉和、吴士健、王新华、田为厚，2006，《关于差异管理的几个基本问题》，《东岳论丛》第 6 期。

迟若冰、翁立平、张晓佳，2020，《跨文化研究的国际对话与交流互鉴——第 11 届国际跨文化研究学会双年会暨第 15 届中国跨文化交际学会年会综述》,《外国语(上海外国语大学学报)》第 3 期。

大卫·A. 惠顿、金·S. 卡梅伦,2016,《管理技能开发》(第 9 版),清华大学出版社。

丁志刚,1999,《全球化问题研究综述》,《社会科学战线》第 2 期。

杜娟,2013,《跨文化高管团队的行为整合、学习模式与国际领导潜力》,《海管理科学》第 4 期。

高嘉勇、吴丹,2007,《中国外派人员跨文化胜任力指标体系构建研究》,《科学学与科学技术管理》第 5 期。

顾霄勇、孙剑平、梁瑞兵,2014,《跨文化企业组织领导力评价体系的构建》,《统计与决策》第 23 期。

郭晓薇,2011,《中国情境中的上下级关系构念研究述评——兼论领导—成员交换理论的本土贴切性》,《南开管理评论》第 2 期。

韩巍,2009,《管理学在中国"——本土化学科建构几个关键问题的探讨》,《管理学报》第 6 期。

何斌、李泽莹、郑弘,2014,《跨文化领导力的内容结构模型及其验证研究——以中德跨文化团队为例》,《经济管理》第 12 期。

洪朝辉,2011,《美国跨国公司公共外交的实践与启示》,《公共外交季刊》第 2 期。

胡羚燕,2018,《跨文化人力资源管理》,武汉大学出版社。

吉尔特·霍夫斯泰德、格特·扬·霍夫斯泰德、迈克尔·明科夫,2019,《文化与组织:心理软件的力量》(第 3 版),张炜、王烁译,电子工业出版社。

贾旭东、衡量,2016,《基于"扎根精神"的中国本土管理理论构建范式初探》,《管理学报》第 3 期。

瞿海源、毕恒达、刘长萱、杨国枢主编,2013,《社会及行为科学研究法(二):质性研究法》,社会科学文献出版社。

凯西·卡麦兹，2009，《建构扎根理论：质性研究实践指南》，边国英译，重庆大学出版社。

康德，2002，《道德形而上学原理》，苗力田译，上海人民出版社。

李飞、薛镭，2010，《我们应该研究中国式管理的什么》，《中国零售研究》第 1 期。

李纾、梁竹苑、孙彦，2012，《人类决策：基础科学研究中富有前景的学科》，《中国科学院院刊》第 S1 期。

李艳霞、杨永康，2009，《跨国经营背景下的跨文化胜任力研究述评》，《科技进步与对策》第 16 期。

李宜菁、唐宁玉，2010，《外派人员跨文化胜任力回顾与模型构建》，《管理学报》第 6 期。

联合国教科文组织，2021，《工程——支持可持续发展》，联合国教科文组织工程教育中心、王孙禺、乔伟峰、徐立辉、谢喆平译，中央编译出版社。

廖凤林、车文博，2005，《自我认知类型引导认知方式的实验研究》，《心理科学》第 3 期。

林姿葶、郑伯埙、周丽芳，2017，《家长式领导之回顾与前瞻：再一次思考》，《管理学季刊》第 4 期。

刘冰、魏鑫、蔡地、朱乃馨，2020，《基于扎根理论的外派项目经理跨文化领导力结构维度研究》，《中国软科学》第 4 期。

刘春玲，2021，《习近平人类命运共同体理念及其价值研究》，博士学位论文，哈尔滨师范大学。

刘建军、况皓，2002，《跨文化领导：对中国领导者的挑战》，《领导科学》第 12 期。

刘晋伦主编，2001，《能力和能力培养》，山东教育出版社。

刘熙远，2008，《跨国公司销售人员情绪智力与沟通能力及销售绩效关系研究》，硕士学位论文，中南大学。

刘耘，2005，《跨文化管理能力对国际商务活动的影响》，《发展研究》第 1 期。

M. L. 康帕涅拉，1992，《全球化过程和解释》，梁光严译，《国外社会科学》第 7 期。

马剑虹、何贵宾，1997，《决策任务的不确定性与决策能力的关系》，《人类工效学》第 4 期。

马克斯·韦伯，1987，《新教伦理与资本主义精神》，于晓、陈维纲等译，生活·读书·新知三联书店。

孟兰娟、唐惠润，2020，《中国外语（国际）新闻传播人才跨文化能力量表构建的实证研究》，《外语教育研究前沿》第 2 期。

彭剑锋、荆小娟，2003，《员工素质模型设计》，中国人民大学出版社。

齐善鸿、白长虹、陈春花、陈劲等，2010，《出路与展望：直面中国管理实践》，《管理学报》第 11 期。

钱亚梅，2008，《风险社会的责任担当问题》，博士学位论文，复旦大学。

邱立成、成泽宇，1999，《跨国公司外派人员管理》，《南开管理评论》第 5 期。

舒绍福，2014，《跨文化领导的兴起、挑战与应对》，《教学与研究》第 10 期。

孙宇，2012，《合资企业管理者跨文化管理能力研究》，《辽宁工程技术大学学报》（社会科学版）第 6 期。

唐立波，2018，《基于中国文化情境下的领导力提升》，《清华管理评论》第 6 期。

王丽娟，2011，《跨文化适应研究现状综述》，《山东社会科学》第 4 期。

魏华颖主编，2012，《国际外派人力资源管理》，经济管理出版社。

习近平，2018，《论坚持推动构建人类命运共同体》，中央文献出版社。

熊琪，2016，《"走出去"后如何"走进去"？》，博士学位论文，华中科技大学。

徐淑英、张志学，2005，《管理问题与理论建立：开展中国本土管理研究的策略》，《南大商学评论》第 4 期。

杨百寅，2019，《管理学科的发展与研究的使命》，《中国文化与管理》第 1 期。

杨国亮，2014，《西方国家跨国公司发展史：经验与启示》，载《中国经济规律研究会、河南财经政法大学．中国经济规律研究会第 24 届年会暨"经济体制改革与区域经济发展"理论研讨会论文集》，中国经济规律研究会、河南财经政法大学：中国社会主义经济规律系统研究会。

杨洁篪，2011，《努力开拓中国特色公共外交新局面》，《求是》第 4 期。

杨朦晰、陈万思、周卿钰、杨百寅，2019，《中国情境下领导力研究知识图谱与演进：1949－2018 年题名文献计量》，《南开管理评论》第 4 期。

杨雪冬，1999，《西方全球化理论：概念、热点和使命》，《国外社会科学》第 3 期。

余卫华，2020，《跨文化研究的三个概念综述》，《语言与文化论坛》第 1 期。

张红玲，2010，《交流跨文化研究学术思想　推动跨文化研究学科发展——2010 中国跨文化研究学科发展研讨会综述》，《外国语（上海外国语大学学报）》第 6 期。

张维为，2013，《中国梦与中国情怀（名家半月谈）》，《人民日报》3 月 3 日。

张晓军、韩巍、席酉民、葛京、刘鹏、李磊，2017，《本土领导研究及其路径探讨》，《管理科学学报》第 11 期。

张元，2013，《自我认知的实现路径》，《宁夏社会科学》第 5 期。

张志学、施俊琦、刘军，2016，《组织行为与领导力研究的进展与前沿》，《心理科学进展》第 3 期。

郑伯埙、周丽芳、黄敏萍，2003，《家长式领导的三元模式：中国大陆企业组织的证据》，《本土心理学研究》第 20 期。

中国式管理研究团队，2013，《中国式企业管理科学基础研究总报告》，机械工业出版社。

钟雨露，2020，《跨文化交际能力研究综述》，《海外英语》第 11 期。

仲理峰、时勘，2003，《胜任特征研究的新进展》，《南开管理评论》第 2 期。

周颖，2006，《傅成玉的一小步》，《成功营销》第 9 期。

Adler, N. J. 1981. Re-entry: Managing cross-cultural transitions, *Group Organization Managment*, 6 (3): 341-356.

Adler, N. J. 1983. Cross - cultural management research: The ostrich and the trend, *Academy of Management Review*, 8 (20): 226-232.

Ang, S., Dyne, V. L., Koh, C., Ng, K. Y., Templer, K. J., Tay, C. 2007. Cultural intelligence: Its measurement and effects on cultural judgment and decision making, cultural adaptation, and task performance, *Management & Organization Review*, 3: 335-371.

Arvey, R., Dhanaraj, C., Javidam, M., Zhang, Z. 2015. Asian models of leadership, *The Leadership Quarterly*, 26 (1): 1-100.

Beechler, S., Javidan, M. 2007. Leading with a global mindset, *Advances in International Management*, 19 (19): 131-169.

Bird, A., Mendenhall, M., Stevens, M. J., Oddou, G. 2010. Defining the content domain of intercultural competence for global leaders, *Journal of Managerial Psychology*, 25 (8): 810-828.

Bird, A., Osland, J. 2005. Making sense of intercultural collaboration, *International Studies of Management & Organization*, 35 (4): 115-132.

Bird, A., Mendenhall, M. E. 2016. From cross - cultural management to global leadership: Evolution and adaptation, *Journal of World Business*, 1 (51): 115-126.

Black, J. S., Gregersen, H. B. 1991. When Yankee comes home: Factors related to expatriate and spouse repatri – ation adjustment, *Journal of International Business Study*, 22: 671-694.

Bouquet, C. 2005. *Building global mindsets: An attention-based perspective*, New York, NY: Palgrave MacMillan.

Boyatzis, R. E. 1982. *The Competent Manager: A model for effective performance*, New York: Johnwiley & Sons, Inc.

Byham, W. C., Moyer, R. P. 1996. Using competencies to build a successful organization, *Development Dimensions*, 26-38.

Caligiuri, P. 2006. Developing global leaders, *Human Resource Management Review*, 16 (2): 219-228.

Campinha-Bacote, J. 2002. The process of cultural competence in the delivery of healthcare services: A model of care, *Journal of Transcult Nurs*, 13 (3), 181-184.

Charoensikmongkol, P. 2021. How Chinese expatriates' cultural intelligence promotes supervisor – subordinate guanxi with thai employees: The mediating effect of expatriates' benevolence, *International Journal of Cross Cultural Management*, 21 (1): 9-30.

Cheetham, G., Chivers, G. 1996. Towards a holistic model of professional competence, *Journal of European Industrial Training*, 20 (5): 20-30.

Chen, G. M., Starosta, W. J. 1996. Intercultural communication competence: A synthesis, *Communication Yearbook*, 19: 353-383.

Chhokar, J. S., Brodbeck, F. C., House, R. J. 2007. *Culture and leadership across the world: The GLOBE book of in-depth studies of 25 societies*, Mahweh, NJ, LEA Publishers.

Chong, L. M. A. , Thomas, D. C. 1997. Leadership perceptions in cross-cultural context: Pakeha and Pacific Islands of New Zealand, *Leadership Quarterly*, 8 (3): 275-293.

Crowley - Henry, M. , O´Connor, E. P. , Suarez - Bilbao, B. 2021. What goes around comes around. Exploring how skilled migrant founder-managers of SMEs recruit and retain international talent, *Journal of Global Mobility*, 9 (2): 145-165.

Deardorff, D. K. (ed.). 2009. *The SAGE Handbook of Intercultural Competence*, CA: Sage.

Demo, D. H. 1992. The self - concept overtime: Research issues and directions, *Annual Review of Sociology*, 18: 303-326.

Den Hartog, D. N. , House, R. J. , Hanges, P. J. , Ruiz Quintanilla, S. A. 1999. Cultural specific and crossculturally generalizable implicit leadership theories: Are attributes of charismatic/transformational leadership universally endorsed?, *Leadership Quarterly*, 10 (2): 219-256.

Dorfman, P. , Javidan, M. , Hanges, P. , Dastmalchian, A. , House, R. 2012. GLOBE: A twenty year journey into the intriguing world of culture and leadership, *Journal of World Business*, 47: 504-518.

Dwyer, L. P. 2018. An expatriate's first 100 days: What went wrong?, *Management Teaching Review*, 3 (4): 309-319.

Earley, P. C. , Ang, S. 2003. *Cultural intelligence: Individual interactions across cultures*, Stanford, CA: Stanford University Press.

Earley, P. C. , Moskakowski, E. 2004. Cultural intelligence, *Harvard Business Review*, 82 (10): 139.

Frese, M. , Fay, D. 2001. Personal initiative (PI): An active performance concept for work in the 21st century, *Research in Organizational Behavior*, 23: 133-187.

Fry, L. , Kriger, M. 2009. Towards a theory of being - centered leadership: Mutiple levels of being as context for effective leadership, *Human Relations*, 2009, 62 (11): 1667-1696.

Gertsen, M. C. 1990. Intercultural Competence and Expatriates, *International Journal of Human Resource Management*.

Glaser, B., Strauss, A. 1967. *The discovery of grounded theory*, New York: Hawthorne.

Glaser, B. 1998. *Doing grounded theory: Issues and discussion*, Sociology Press CA: Mill Valley.

Goldsmith, M., Greenberg, C., Robertson, A., Hu – Chan, M. 2003. *Global leadership: The next generation*, Upper Saddle River, NJ: Prentice-Hall.

Goodman, M. 2006. The role of business in public diplomacy [J]. *Journal of Business Strategy*, 27 (3): 5-7.

Graf, A. 2004. Expatriate selection: An empirical study identifying significant skill profiles, *Thunderbird International Business Review*, 46 (6): 667-685.

Guang, X., Charoensukmongkol, P. 2020. The effects of cultural intelligence on leadership performance among Chinese expatriates working in Thailand, *Asian Business & Management*, 19 (2): 145-146.

Hammer, M. R., Bennett, M. J., Wiseman, R. 2003. Measuring intercultural sensitivity: The intercultural development inventory, *Intercult Relations*, 27: 421-431.

Harrison, D. A., Shaffer, M. A., Bhaskar – Shrinivas, P. 2004. Going places: Roads more and less traveled in research on expatriate experiences, *Research in Personnel and Human Resources Management*, 23: 199-247.

Hofstede, C. 1973. Thick description: Toward an interpretive theory of culture, In Hofstede, C. *The interpretation of cultures. Selected essays by Clifford*

Geertz. New York: Basic Books, .

House, R. J., Hanges, P. W., Javidan, M., Dorfman, P., Gupta, V. 2004. *Culture, leadership and organizations: The GLOBE study of 62 societies*, Beverly Hills: Sage.

House, R. J., Javidan, M., Dorfman, P. W., De Luque, M. S. 2006. A failure of scholarship: Response to George Graen's critique of GLOBE, *Academy of Management Perspectives*, 20 (4): 102-114.

House, R. J. 2004. Global leadership organizational behavior effectiveness research program. In Hout, R. J., Hanges, P. W., Javidon, M., Dorfman, P., and Gupta, V. (eds.), *Culture, leadership, and organizations: The GLOBE study of 62 societies*, Thousand Oaks, California: Sage Publications.

Javidan, M., Steers, R. M., Hitt, M. A. *The global mindset. In Advances in international management*, Oxford: Elsevier, 2007.

Johnson, J. P., Lenartowicz, T., Apud, S. 2006. Cross - cultural competence in international business: Toward a definition and a model, *Bus. Stud*, 37: 525-543.

Jokinen, T. 2005. Global leadership competencies: A review and discussion, *Journal of European Industrial Training*, 29 (3): 199-216.

Kempster, S., Parry, K. W. 2011. Grounded theory and leadership research: A critical realist perspective, *The Leadership Quarterly*, 22: 106-120.

Kets de Vries, M., Vrignaud, P., Florent - Treacy, E. 2004. The global leadership life inventory: Development and psychometric properties of a 360 - degree feedback instrument, *International Journal of Human Resource Management*, 15 (3): 475-492.

Khilji, S. E., Davis, E. B., Cseh, M. 2021. Building competitive advantage in a global environment: Leadership and the mindset, In Devinney, T., Pedersen, T., Tihanyi, L. (eds.), *The past, present and future of international business & management*, Advances in International Management. Bingley, UK: Emerald Group Publishing Limited.

Kolb, D. A. 1984. *Experiential learning: Experience as the source of learning and development*, Englewood Cliffs, NJ: Prentice Hall.

Kraimer, M. , Bolino, M. , Mead, B. 2016. Themes in expatriate and repatriate research over four decades: What do we know and what do we still need to learn?, *Annual Review of Organizational Psychology and Organizational Behavior*, 3.

Kvale, S. 1996. Interviews: An introduction to qualitative research interviewing, Tousand Oaks, CA: Sage.

Lana, H. W. , Distefano, J. J. , Wright, L. L. 1988. *International management behavior: From policy to practice*, Scarborough, Ontario: Nelson Canada, 23-28.

Le Deist, F. D. , Winterton, J. 2005. What is competence? *Human Resource Development International*, 8 (1): 27-46.

Leung, K. , Ang, S. , Tan, M. L. 2014. Intercultural competence, *Annu. Rev. Organ. Psychol. Organ. Behav*, 1: 489-519.

Lichtman, M. 2006. *Qualitative research in education: A user's guide*, Thousand Oask: Sage Publications.

Luderberg, U. , Cooper, C. L. 2010. *The science of occupational health stress, psychobiology, and the new world of work*, Chicester: Wiley.

Markus, H. R, Kitayama, S. 1991. Culture and the self: Implications for cognition, emotion, and motivation, *Journal of Psychological Review*, 98: 224-253.

McCall, M. W. , Hollenbeck, G. P. 2002. *Developing global executives*, Harvard Business School Press.

McClelland, D. C. 1973. Testing for competence rather than for "intelligence", *American Psychologist*, 28 (1): 1-14.

Mclagan, P. 1996. Competence models: Creating the future of HRD, *Training and Development*, 50 (1): 60-65.

Mendenhall, M., Oddou, G. 1985. The dimensions of expatriate acculturation: A review, *Academy Management Review*, 10 (1): 39-47.

Mendenhall, M., Weber, T., Arna Arnardottir, A., Oddou, G. 2017. Developing global leadership competencies: A process model, *Advances in Global Leadership Emerald Publishing Limited*, (10): 117-146.

Mendenhall, M. E., Osland, J. S., Bird, A., Oddou, G. R., Maznevski, M. L. 2008. *Global leadership: Research, practice, and development*, London and New York: Routledge.

Mendenhall, M. E., Reiche, B. S., Bird, A., Osland, J. S. 2012. Defining the "global" in global leadership, *Journal of World Business*, 47 (4): 493-503.

Mendenhall, M. E. 2011. Three necessary puestions for global leadership development in India, *Vikalpa the Journal for Decision Makers*, 36 (4): 17-24.

Morley, M. J., Collings, D. G. 2004. Contemporary debates and new directions in HRM in MNCs: Introduction, *International Journal of Manpower*, 25 (6): 487-499.

Osland, J., Li, M., Mendenhall, M. 2017. Patterns, themes and future directions for advancing global leadership, *Advances in Global Leadership*, (10): 53-262.

Osland, J. S. 2008. *Overview of the global leadership literature. Global Leadership: Research, Practice and Development*, Routledge, London.

Parker, S. K., Collins, C. G. 2010. Taking stock: Integrating and differentiating multiple proactive behaviors, *Journal of Management*, 2010, 36 (3): 633-662.

Parker, S. K., Williams, H. M., Turner, N. 2006. Modeling the antecedents of proactive behavior at work, *Journal of Applied Psychology*, 91 (3): 636-652.

Perlmutter, H. V. 1969. The tortuous evolution of the multinational corporation, *Columbia Journal of World Business*, 4 (1): 9-18.

Redfield, R., Linton, R., Herskovits, M. J. 1936. Momorandum on the study of acculturation, *American Anthropologist*, (38): 149-152.

Ren, S., Chadee, D., Presbitero. A. 2020. Influence of informal relationships on expatriate career performance in China: The moderating role of cultural intelligence, *Management and Organization Review*, 20 (2): 223-230.

Rosen, R., Digh, P., Singer, M., Philips, C. 2000. *Global literacies: Lessons on business leadership and national cultures*, New York: Simon & Schuster.

Rosenberg, M. 1989. Self-concept research: A historical overview, *Social Forces*, 68 (1): 34-44.

Ruben, B. D. 1976. Assessing communication competency for intercultural adaptation, *Groups and Organizational Studies*, 1 (3): 334-354.

Rubin, H. J., Robin, I. S. 2005. *Qualitative interviewing: The art of hearing data* (*2nd ed.*), Thousand Oaks, CA: Sage.

Shaffer, M. A., Kraimer, M. L., Chen, Y. P., Bolino, M. C. 2012. Choices, challenges, and career consequences of global work experiences: A review and future agenda, *Manag*, 38 (4): 1282-1327.

Shavelson, R. J., et al. 1976. Self-concept: Validation of construct interpretations, *Review of Educational Research*, 46 (2): 407-441.

Sokro, E., Pillay, S., Bednall, T. 2021. The effects of perceived organisational support on expatriate adjustment, assignment completion and job satisfaction, *International Journal, of Cross Cultural Management*, 21 (3): 452-473.

Spencer, L. M. , Spencer, S. M. 1993. Competence at work: Models for superior performance, New York: John Wiley & Sons, Inc.

Stevens, M. , Bird, A. , Mendenhall, M. E. , Oddou, G. 2014. Measuring Global Leader Intercultural Competency: Development and Validation of the Global Competencies Inventory (GCI), In *advances in global leadership*, Published online, 115-154.

Suutari, V. 2002. Global leader development: An emerging research agenda, *Career Development International*, 7 (4): 218-233.

Takeuchi, R. , Qian, C. , Chen, J. , Shay, J. P. 2021, Moderating effects of decision autonomy and culture novelty on the relationship between expatriate manager leadership styles and host country managers' job satisfaction: Evidence from the global hotel industry, *International Journal of Cross Cultural Management*, 21 (2): 285-305.

Triandis, H. 1977. Subjective culture and interpersonal relations across cultures, *Annals of the New York Academy of Sciences*, 285: 418-434.

Tung, R. L. 1981. Selection and training of personnel for overseas assignments, *Columbia Journal of World Business*, 16 (1): 68-78.

Vijayakumar, P. B. , Morley, M. J. , Heraty, N. , Mendenhall, M. E. , Osland, J. S. 2019. Leadership in the global context: Bibliometric and thematic patterns of an evolving field, *Advances in Global Leadership*, 11: 31-72.

Wang, D. , Fan, D. , Freman, S. 2017. Exploring cross - cultural skills for expatriate managers from Chinese multinationals: Congruence and contextualization, *Asia Pacific Journal of Management*, 34 (1): 123-146.

附录 A
访谈提纲

尊敬的女士/先生：

您好！

感谢您今天花费宝贵的时间接受我的访谈，访谈的主要目的是收集中国企业外派管理者的全球领导力的能力要素。在访谈过程中，您需要回答一些问题，为了便于研究的整理工作，请允许录音记录。本人保证访谈内容以及录音记录仅用于本人的研究项目，绝不作其他用途，并将严格保密。访谈可能占用您1小时左右时间，对于您的支持，本人深表感谢！

一 基本信息

项目	内容
性别	
年龄	
目前职位	
企业类型	
行业类型	
外派海外管理工作经历（1年以上）	
海外工作过的国家	
是否有海外学习经历及学习时长	

二 事例访谈

请您回想一下在从事海外的外派管理工作时，发生的比较重要的工作事例：两件成功的事例以及一件"有意外或者遗憾"的事例。成功的事例是指完成这些工作让您感受到您对情况的分析和判断以及决策是正确的，采取的措施得当，团队的成员大部分能够和您一起克服当时的困难和障碍，最后的结果是完成了既定的目标或者您对结果是满意的。"有意外或者遗憾"的事例是指进行这些工作过程中您感觉难以把握、采取行动措施效果并不明显，团队的成员大多数难以和您配合共同采取行动，您遇到了难以克服的困难和挑战，最后的结果是未达到工作目标或者您对工作结果不满意。您描述的越详细越好。

附表 A-1　关键事例访谈 STAR 提纲（成功的事例）

情境和任务	反应	结果
1. 那是一个什么事件？ 2. 什么因素导致这样的情境？发生事件的原因是什么？ 3. 您当时面临的主要任务是什么？感到最大的困难在于什么？ 4. 当时的目标是什么？	5. 当时您心中的想法、感觉是什么？ 6. 在整个事件中您的角色是什么？ 7. 您当时首先采取的行动是什么？采取了什么行动步骤？内容是什么？	8. 最后结果是什么？ 9. 结果是如何取得的？ 10. 您得到了什么反馈？ 11. 团队给了您什么反馈？ 12. 在本次事件上，您认为自己的优缺点是什么？对您在这个岗位工作的影响是什么？ 13. 您最后的体会是什么？

附表 A-2　关键事例访谈 STAR 提纲（有意外或者遗憾的事例）

情境和任务	反应	结果
1. 那是一个什么事件？ 2. 什么因素导致这样的情境？发生事件的原因是什么？ 3. 您当时面临的主要任务是什么？感到最大的困难在于什么？ 4. 当时的目标是什么？	5. 当时您心中的想法、感觉是什么？ 6. 在整个事件中您的角色是什么？ 7. 您当时首先采取的行动是什么？采取了什么行动步骤？内容是什么？	8. 最后结果是什么？ 9. 结果是如何取得的？ 10. 团队给了您什么反馈？ 11. 您认为事件最后没有满意结果的主要原因是什么？ 12. 您最后的体会是什么？ 13. 如果再给您一次机会，您会怎么做？

三　中国企业外派管理者全球领导力能力因素半结构化访谈提纲

·您为什么会选择外派到海外工作？对目前外派工作情况的感受有哪些？

·外派管理工作的状态与您在国内的管理者工作状态是否有差异？

体现在哪些方面？

　　·您与目前您所遇到的同行业来自其他国家的外派管理者相比是否有差异？体现在哪些方面？

　　·您认为自己与其他外派管理者相比，有哪些突出的地方？

　　·您对目前工作状态是否满意？有哪些希望改进的地方？

　　·您认为一个优秀的外派管理者应该是怎样的？应该具备哪些能力和素质？

附录 B
知情同意书（访谈）

我们将要开展有关"中国企业外派管理者的全球领导力"的研究，您的具体情况非常符合该项研究的样本要求，因此，我们想邀请您参与该项研究。本知情同意书将向您介绍该研究的目的、步骤、获益、风险、不便或不适等，请仔细阅读后慎重做出是否参加研究的决定。当研究人员向您说明和讨论知情同意书时，您可以随时提问并让他/她向您解释您不明白的地方。

一　为什么进行这项研究？

随着中国企业越来越多的走向国际舞台，能够胜任海外工作的高层次人才的缺乏已经成为企业发展的瓶颈。本研究就是针对此问题，研究外派企业管理者的全球领导力构成要素，以期能够找到培养高层次人才的方法。

二　哪些人将被邀请参加这项研究？

从中国企业外派到海外工作的管理者均可参加。

三　本研究采用哪些方法？

本研究主要采用质性研究方法。质性研究要求在自然情境下，采用多种资料收集方法（访谈、观察、实物分析），主要是以深度访谈为主，对研究现象进行深入的整体性探究，从原始资料中形成结论和理论，是通过与研究对象互动，对其行为和意义建构获得解释性理解的一种活动。因此需要您在自然情况下，轻松地参与，不要求您刻意准备和安排。

四　这项研究会持续多久？

访谈总时长大约为 1 小时，根据我们彼此互动的状态，如果需要可以分次进行。

五　参加本项研究的风险是什么？

某些问题可能会让您感到不舒服，您可以拒绝回答。如果不慎泄露个人私密信息，可能会给您的工作和生活带来不良影响。

六　参加本项研究的获益是什么？

您不会因参加本项研究直接获益，您的参与有助于中国企业的海外发展。

七　是否自愿参加并完成本访谈？

完全是自愿的。

八　信息会保密吗？

如果您决定参加，您的个人资料均会保密。在未获得您的许可之前，任何可以识别您身份的信息将不会透露给研究以外的人员。所有的研究成员和研究相关方都会按要求对您的身份保密。您的档案将妥善保存，仅供研究人员查阅。这项研究结果发表时，将不会披露您个人的任何资料。

告知声明

已告知该受访者"中国外派企业管理者的全球领导力"的研究背景、内容、主要研究方法、参加访谈的风险及获益情况，访谈前提前邀请受访者阅读知情同意书，并解答了受访者对研究问题的疑问；受访者已经获知能够与研究者取得联系并了解自己的资料是否用于研究工作，同时也提供了准确的联系方式；已告知受访者在研究期间的任何时候无须任何理由可以要求退出本研究项目，并将知情同意书（研究者与受访者签字）副本交与受访者。

签名：

研究者签名：

日期：

附录 C
初始编码提取示例

在初始编码时，本研究尽量采用能够反映行动的和反映完整意思词语的编码，能够逐行编码的就采用逐行编码，反映出细致的观察、生动的场景和行动，有助于识别清晰或者不清晰的关注点，重新定位，不断反思研究的进程，细节的丰富也有助于通过不断的比较数据，发现相同和差异。同时也要照顾到意思的完整性。初始编码是扎根理论研究分析重要的起点，这一步的质量高低决定了是否能够顺利形成理论。为了说明研究进行的过程，随机抽取样本 B、E、H、L、O 的部分内容来展示本研究初始编码提取过程（见附表 C-1）。

附表 C-1　初始编码提取示例

样本 B 访谈记录（部分）	初级编码
对，21 年海外。对，真的还挺好。我自己觉得选这条路应该选的还是对的，或者属于误打误撞。海外你肯定要付出，但是不管是你学到的东西还是这个平台都比较好。我觉得你在中国的话，可能更多的是沿着传统道路，得让你从技术员到项目经理，然后企业发展比较顺利，到下面三级公司，再这么去走下去，但是你在海外有机会站在国家的层面去开发这些业务，国内的话你更多实际上是来一个标准目标，或者是最多在某一个区域，华东区域或者是哪儿参与一些项目建设。但是在海外，因为国家小，去看看实际有很多可推动的项目，特别我们现在好多是主动去谈项目，实际上是符合他本国的一些需求的。所以这块的话，我觉得更多的是可以了解一个国家的全貌，因为一个项目的推动跟所在国的国家政策，还有经济环境、外交关系方面都有关，实际上在海外做我觉得是对海外的一些国家有一个相对比在国内更深的认识	B1：以学习心态来面对自己的海外任务 B2：站在国家层面去开发一个具体的项目 B3：深刻地认识到自己需要了解所在国的政治、经济、外交等各方面知识 B4：全球视野考虑企业经营以及业务开发工作。满足一个国家的需求和发展 B5：全球化的思维，从经济、体制等宏观方面去考虑行业的发展方向

续表

样本 B 访谈记录（部分）	初级编码
另外就是说是因为中国这些年发展快，我们这行大部分的话在发展中国家，你会有一个对比，知道不同的文化、不同的经济发展道路、不同体制，你会做对比，实际上，我觉得这种宏观的概念会对我们从事这个行业有很多新的认识，特别是这几年公司也在转型	B6：以开放的态度看待产业转型和个人职业内容的转型，觉得很有吸引力

样本 H 访谈记录（部分）	初级编码
但是人家还是觉得你的公司做了比较大的贡献，而且我们之间有一些同事——本地同事离开公司之后，后来就回来了，你也有机会再安置，又回到我们公司。这里的确是通过这个事情，就相当于你改变了别人的命运，我觉得不是我个人行为，这是公司的行为，这个上升高度比较高，的确就相当于习主席说的人类命运共同体。在当地，其实我们给它建立了一个现代化的企业，在当地还培养了很多人才，帮助国家明显的发展了，也创造了很多就业机会。我觉得这是承担社会责任的体现 对，的确有个社会的，你在不同的阶段，当然你在最近比较难的，的确对我来说是处于不同的阶段，比如在意大利这个项目的确太艰难了，难在哪？本身就是我们以前公司没有经历过的事情，需要我们自己来做开拓。我们在意大利之前相当于是空白市场，最后要搬迁，然后还有包括其他一些厂商的设备，这里头的确整个过程非常艰辛，一些专业你也不太清楚 实际上我们在亚洲、在非洲对吧？我可以说我们自己感觉还是很有优越感的，但是到欧洲会被那些包括现在的合作伙伴质疑。在国内我们是甲方，我说句难听点，还是有很强的优越感的，但是你在意大利肯定不是这样，合作伙伴第一次跟你合作，有可能它跟很多的合作伙伴的合作模式、合作环境也有很多不同。然后它就会对你产生很多质疑，你也要花很多时间来跟它磨合沟通，包括这和外籍团队一样，因为尤其来说其实合作是最重要的 你干任何一件事情，最重要的就是现在的团队先人后事，也就是说建一个高效专业化、职业化的团队，其实真的非常关键。尤其是几十多亿欧元，将近 100 亿元人民币的一个项目，你想想你要建一个多么庞大的专业队伍，而且大家还得能承受这种高压 困难包括验收标准，意大利的标准有很多要求，它比国内很多要求还要高。最重要的就是说，因为我们之前没有经验，需要从零起步，也不是像人家已经和当地合作了，你比方单我们拿了之后，竞争对手就解雇了 1000 多人，对方公司通过政府、通过一些反对派工会来给我们施压，也给我们制造了很多麻烦	H26：通过培养当地人才，促进了当地社会发展，创造了就业机会，承担了社会责任，感受到人类命运共同体的责任和使命 H27：在发达国家开拓一个全新市场，不断磨合沟通，克服高端市场对公司的业务能力等的种种质疑 H28：在发达地区新市场短时间磨合多国团队，建立庞大的高效团队，承受苛刻条件和竞争对手的压力，处理文化冲突，完成工作目标，压力很大

样本 L 访谈记录（部分）	初级编码
我已经干了三个项目的总经理，作为总经理来讲，项目上中方、外方员工的所有的吃喝拉撒都得管、都得照顾到 目前来讲，我干的这三个项目里面，每个项目都取得了前人没有的成绩。我也感到有成就感。每个项目都有突破，就是说经营效益也是有很大的提高的 问：三个项目的总经理都当过了，你不会觉得其实应该到公司总部层面，做一个更高职位，或者你没有去想这个，但是你刚才一直在说突破了，觉得特别好，这是不是你的一种选择 能把这个项目经营得有声有色，能够给公司创造很好的效益，这就已经实现了我的价值 要不然领导派你来，你就不是说辜负领导期望了吗 从来没有过，从来没有跟领导要去想官。就是说我现在仍然是这样的态度，领导给我要，不给我也不求也可以说不求上进 问：你的成就感的来源不一样，所以我刚才问的就是您的成就感，其实您的成就感是来自这个挑战，就是挑战自己之前没有做的事情，对吧 因为每一个项目它都有一个不同的特点，我第一个当总经理的项目那是中方 100% 控股的一家公司，这样它面临的当地政府的压力就跟其他公司不一样，对你的检查会更多，给你挑毛病会更多，困难会更多。第二个项目股份是我们和所在国公司各占 50% 的，但是中方这是永远的总经理，那又不一样了，就要协调太多，不是总经理说了就算的事，需要有另外一个股东签字。这里有一相互沟通、相互利益平衡的事情，我现在在这个项目也是各占 50%，我也是总经理，然而人家是资源国，代表政府，所以虽说是等权管理，但是不可能实现等权管理，资源国就有天然的优势	L12：成就感来自公司给了自己平台，做了三个海外项目总经理，取得了前人没有的成就。照顾和管理中外员工生活方方面面。自己做的每个项目都有所突破，给公司创造了效益，没有辜负领导的期望 L13：从来不向领导提要求要职位 L14：每个项目不同的股份占比面临不同的压力，相互利益的平衡和沟通 L15：理解资源国与投资方的无法完全的等权关系
样本 O 访谈记录（部分）	初级编码
问：当时为什么选择你来外派 我说实话出国的时候英语基础很差的，因为我们那个年代在上小学、中学，包括上高中的时候都没有学过英语的。我们其实出国之前或者是在北京上学的时候，学了 4 本许国璋英语，这就是我的英语基础。 问：就等于是在本地培养起来的是吗 对，基本上英语是在工作中，在国外这么多年，这相当于包括自学，包括实践，包括方方面面，就是语言环境，逼着自己不断提高 问：你觉得待了 20 多年主要靠什么	O3：逼着自己自学提高外语水平，不断提高个人能力 O4：适应了海外环境，在海外自己做主，求稳定发展，就在海外一直待下来

样本 O 访谈记录（部分）	初级编码
早期的话可能比如说咱们主要是为了解决收入这些，但是后期的话我估计也差不太多跟国内是吧？其实外派第一感觉就是说过了一定的时期，如果说你在海外时间长了，可能申请回国的这种想法不是说没有，但是随着时间的推移和在海外时间的增多，这种要求反而淡薄了一些，总觉得在海外慢慢适应了自己说了算，只能说你适应了这个环境，像我们这个年代的人，不求很大的变化，只求稳定发展，这是我们的想法，没有刻意说什么原因。其实我在这边待这么多年，也是这个公司的发展，可能每年都有项目，然后每年这个项目的挑战还挺多，公司的信任，方方面面在这是一句两句也说不清楚。然后我觉得还是这种感觉，在海外工作这种感觉已经适应了 问：所以觉得自己总的来说还是有满意的感觉是吧 对，有。酸甜苦辣的这种感觉都有，正面的东西很多，得到的东西很多，失去的东西也很多，失去的东西大家都是共性的，主要是家庭方面，包括子女教育、父母养老、两地分居，另外海外的疾病等方方面面的挑战很多。但是你在海外是对人的一种全方位的锻炼，因为你在国内可能想象不到自己还有很大的能量，可以战胜很多困难，可以达到一些个人在国内可能达不到的成绩、目标，战胜自我 问：能不能这方面举一个具体的事例 要几个具体的事，我想常住海外的员工应该都有这种感受，就是在失去的同时，对自身能力的一种认识的提高，是一个在国内可能无法想象的对自己的感觉。具体的例子就是，你第一次出国，到海外这么一个陌生的环境，尤其像我们那个年代，海外的环境也不好，对吧 应该是在做投资。所以现在的公司战略，实际上是叫平台公司加产业引领，大家做投资、做产业以后，我觉得对于我们自己来说，纯粹的土木行业开发阶段，这一块实际上是对个人职业生涯，还是应该比较有吸引力的	O5：工作需要，工作挑战，公司的信任。自己适应了外派 O6：海外收获很多，但也失去了家庭照顾、面对海外疾病等方面 O7：海外的锻炼是全方位的，想不到自己有这么大能量，克服困难，战胜自我 O8：对自身能力有了新的认识，能力很快提高，激发了在国内无法想象的能力

样本 E 访谈记录（部分）	初级编码
但是当时的情况是这个方向不错，但是谁都不知道怎么干，谁也没有真实的案例、现成的案例，尽管这样的事情在国外的企业已经很普遍，但是对 2010 年的中国企业来讲，对建筑类企业来讲，这是个未知领域。怎么走、怎么去推动大家都不知道。所以我们在某国家第一个项目推动以后，就开始提出了这个项目概念，它应该契合了国家的政策导向 同时公司作为国内排名前列的外经企业，在海外承包业务各方面都名列前茅，但是国家发出了加大在海外事业发展的通知以后，集团包括公司总部也就想在同类的中国企业里面拔得头筹，想先走一步，所以集团、公司要确保这个项目本身是所在国家经济发展最需要的	E23：海外项目成功需契合国家政策导向、集团公司发展方向和当地的经济发展需求。各方利益都要兼顾，从这个思路去考虑业务的推进

样本 E 访谈记录（部分）	初级编码
我觉得首先第一个点是把所有方方面面的利益都联合在一起，都是大家需要的，这是它成功的一个最大的基础，就是因为它是各方面所需要的，不是一个强行推上去的项目，不是说为了项目而项目，是国家、我们中国政府需要的，所在国政府需要的，我们的集团、公司需要的，我们每个公司需要的，我们内部的员工也普遍支持，因为这是走一个别人没走过的"路"，那么大家也都很支持，所以这是一个切合了大家方方面面需要，前后一心，上下左右取得了高度共识的项目 第二个点在这个过程中，我记得当时美洲的团队对这个项目还是高度支持，这些很重要，在这个项目建设过程中，就需要大家怎么去在自己本职工作以外，或者是为这个项目，不计劳苦、随叫随到，劳心劳力去扎扎实实地推进项目，不管前面的从预可研到可研，再到银行的可研和融资谈判、整个机制的设置，所有的人都贡献力量，这种带着未知领域的探索的热情和干劲，起了很好的推动作用。所以我觉得项目的成功，第一点就是结合了各方面的需要	E24：海外开拓新的领域得到公司员工、整个团队的上下共识很重要，能激发热情和干劲

附录 D
实地考察记录节选

一 马来西亚某项目公司实地考察和参与观察

1. 基本情况记录

马来西亚东海岸铁路项目是由某公司负责实施的共建"一带一路"的最大交通基础设施项目，是中马两国之间最大的经贸项目以及中国企业在海外实施的最大的单体工程。它彰显着某公司"大国重器"的责任，于 2017 年 4 月正式启动，截至实地考察时正在建设中。该铁路规划长度约 688 公里，投资金额约合 860 亿人民币，工期为 7 年，客运设计时速为 160 公里，货运设计时速为 80 公里，东海岸铁路将成为马来西亚最快的一条铁路干线，惠及 440 万人口。项目起点为吉隆坡北部的鹅唛，终点为吉兰丹州的瓦卡巴鲁。

项目从工程科技的角度来看呈现三高、三大的特点。

国际关注度高。中马两国政府对项目高度重视，东南亚周边国家也广泛关注。项目实施结果直接影响很多国家对"一带一路"倡议的认识。设计技术标准高。线上系统和车辆采用中国标准，线下土建部分采用马标/英标，要求中外技术标准有效衔接和融合，打造国际领先的标轨铁路。安全质量要求高。马来西亚 HSE 和 QA/QC 要求严格，项目的关键性控制工程云顶隧道全长 16.375 公里，技术含量高。

项目规模庞大。项目合同总额接近 130 亿美元，是中国企业目前在境外实施的规模最大的工程。资源投入巨大。某公司首次在较发达国家实施长、大电气化铁路项目，需要整合中马两国乃至全球的工程建设优质资源。时空跨度大。项目合同工期 7 年，缺陷责任期 2 年，穿越马来西亚 4 个州。

通过积极总结分析项目特点，能够看出项目的困难主要来自以下三个方面。组织协调较难。线路全长约 688 公里，沿线路基、桥梁、隧道分布点多、面广，给施工组织、协调管理带来极大挑战。征地拆迁难。项目全线约 70% 为私有土地，征地拆迁的工作量和难度巨大。国内进人难。马来西亚对外籍技术人员和劳工的引入政策比较严格，并实施劳工配额制度，申办工作签证历时较长。

2. 实地考察与参与观察记录节选

参与观察了公司对当地工程人才的培养。面对一屋子伊斯兰风格的工程师，我们感受到了迎面而来的文化差异。马来西亚女生的学习机会较少，一旦有这样的机会她们会非常努力，争取改变自己的命运（成年之后就要嫁人，且马来西亚仍然是一夫多妻制度）。

——2018 年 4 月 2 日

与公司高管进行深度访谈，与公司的员工进行座谈。

——2018 年 4 月 3 日

二　南非某公司实地考察和参与观察

1. 实地考察和参与观察记录节选

非洲的工作生活条件相对艰苦，治安情况也不太好，在开普敦住宿楼上，公司不允许个人随意出行，再好的景色也只能透过窗户看看。

——2015 年 12 月 27 日

在从内陆大漠去往项目地的路上，偶尔下来放放风，这里非常干旱，但是风景很好。

——2015 年 12 月 28 日

2. 公司负责人深度访谈资料节选

我在阿联酋前后干过 4 年。一毕业就去了，后来回公司了，我1993 年毕业就吃了这碗饭。

问：你去学校上大学之前知道要干这个吗？

不知道，到了单位都不知道，没感觉。觉得挺好，出国挣钱。1993年毕业，1994 年出国，干了大概就一个项目。然后 1997~2000 年三年多,我就在国内了。总部在海外,待了三年在国内,然后又出去了。2000~2002年,我去菲律宾一个项目部,又回来。2004~2006年,我在阿联酋干一个项目,那时候就当项目经理了。

问:那时候你毕业10年,10年就当项目经理了?

回国,2009年就去了安哥拉。总部在安哥拉。在安哥拉呆了也有将近10年,9年多了,这是最长的一次。当时我去的时候,安哥拉还是办事处。当时安哥拉有个点,其他南非地区也有点,纳米比亚有,莫桑比克也有,但那个时候大家各管各的,没有成立区域公司。我就去了安哥拉,当时管生产,然后就去了一个比较大的项目,叫安哥拉洛比托港口项目。2009年就干到了差不多到2012年、2013年的时候。

其实那个时候你看我原来的经历都是干两三年就回来,然后那个时候我就向公司提出了申请要回来。我们领导说,你把前期捋顺了就回来。然后我说:"好,我再待一会儿。"2014年公司就有职位的一些调整,原来安哥拉的经理就回来当副总经理,然后副总经理升了,提拔了。

其实那个时候我在安哥拉那几年,那时候就成立了区域公司,我们南非、纳米比亚、莫桑比克这些国家的项目就纳入了,都归我们管,成立了区域公司。那个时候纳米比亚就中了一个项目比较大,当时我管生产,那时候＊＊还没回来,领导跟我说你先兼着项目经理,然后我就去,其实当时我就向公司提出了我要回来,上次公司领导说你把这项目弄顺了就ok了,再待一年,我说行再待一年,结果那时候＊＊提拔,然后就让我接他。其实我是没有太多想法,最后"骗"得在那待了9年多。

——2015年12月28日

三 2014年2月和7月南美洲牙买加某公司实地考察和参与观察

1. 实地考察和参与观察记录节选

公司上下和当地使馆的关系非常融洽,常常在一起活动,公司来客人,大使馆也一起参与接待。当地因为是南美洲的国家,加上治安情况并不十分好,没有中国人来旅行。我们吃饭、住宿都和员工一起,为封闭式小楼,公司有自己的厨师，每周只有一天集体去超市购物的时间。图为和中国驻牙买加董大使、刘参赞、公司主要领导交流。

——2014 年 2 月 5 日

公司这些年做了很多港口和公路项目，图为在牙买加金斯顿项目点交流。

——2014 年 7 月 14 日

7 月第二次来牙买加的时候交流地点就设在大使馆内部的会议厅，可见企业和使馆的关系多么紧密。图为中国驻牙买加董大使在发表致辞。

——2014 年 7 月 15 日

四　2015 年 2 月斯里兰卡某公司实地考察

公司的项目走出了原来只做建设的老路，开始转为经营和投资结合的大型项目，这和这里的负责人视野开拓、敢于创新的特点有关。

——2015 年 2 月 11 日

斯里兰卡的佛教氛围浓郁，居民比较温和友好，以旅游为主要支柱。在这种社会文化氛围的影响下，外派管理者自己也认为个性有所变化，更"佛系"了。

——2015 年 2 月 12 日

照片来源说明：以上照片均为沈晔拍摄。

后 记

中年在职攻读教育博士，是我人生的一次创举。

如果说"读书改变命运"的话，攻读教育博士改变了我的生活，更是因为得到众多帮助和支持，我得以磨炼为一个终身学习爱好者，明确了人生的目标，虽晚点，但不迟。

幸得吾师：

感谢张羽老师，以严谨又严谨的治学和人生态度，教导我不断前进，书稿的每一次修改都是一次锻炼，老师的每一次指导都是一次进步的机会；感谢王孙禹老师，除了传道授业，还教我做人与做事；感谢李越老师、李曼丽老师、罗燕老师、乔伟峰老师、王传毅老师等多位母院的老师带我进入了教育大家庭，给予我谆谆教导，不离不弃；感谢薛镭老师为我创造了宝贵的学习机会；感谢李飞老师，以自己的学术人生故事激励我；感谢程佳惠老师，关心我学习生活的方方面面。

爱我清华：

感谢经济管理学院，正是在学院工作的经历激发了我求学的动力；

感谢清华大学，成为清华人是我一生的骄傲。

恩谢亲友：

感谢我的受访者们，你们的无私关怀，给了我研究动力；

感谢我的朋友们，你们对我的各种帮助从未停歇；

最后特别感谢我的家人，给我无限宽容和爱，感谢我的儿子，能够伴你学习和成长是我人生最快乐的事。

沈晔

2023 年 9 月于清华园

图书在版编目（CIP）数据

全球领导力：中国企业外派管理者的卓越之道／沈
晔，王孙禹，张羽著. -- 北京：社会科学文献出版社，
2024.1（2024.8 重印）

（清华工程教育）

ISBN 978-7-5228-2397-3

Ⅰ.①全… Ⅱ.①沈… ②王… ③张… Ⅲ.①企业领
导学 Ⅳ.①F272.91

中国国家版本馆 CIP 数据核字（2023）第 165266 号

· 清华工程教育 ·

全球领导力

——中国企业外派管理者的卓越之道

著　　者／沈　晔　王孙禹　张　羽

出 版 人／冀祥德
组稿编辑／宋月华
责任编辑／李建廷
文稿编辑／王　敏
责任印制／王京美

出　　版／社会科学文献出版社·人文分社（010）59367215
　　　　　　地址：北京市北三环中路甲 29 号院华龙大厦　邮编：100029
　　　　　　网址：www.ssap.com.cn
发　　行／社会科学文献出版社（010）59367028
印　　装／河北虎彩印刷有限公司

规　　格／开　本：787mm×1092mm　1/16
　　　　　　印　张：11.75　字　数：169千字
版　　次／2024 年 1 月第 1 版　2024 年 8 月第 2 次印刷
书　　号／ISBN 978-7-5228-2397-3
定　　价／138.00 元

读者服务电话：4008918866